文學叢刊

吳宗珍著

江山萬里情

文史哲出版社印行

國家圖書館出版品預行編目資料

江山萬里情 /吳宗珍著. -- 初版. -- 臺北市：
文史哲,民 98.09
頁： 公分. --（文學叢刊；226）
ISBN 978-957-549-864-1(平裝)

855 98015892

文學叢刊 226

江山萬里情

著 者：吳 宗 珍
出 版 者：文 史 哲 出 版 社
http://www.lapen.com.tw
e-mail：lapen@ms74.hinet.net
記證字號：行政院新聞局版臺業字五三三七號
發 行 人：彭 正 雄
發 行 所：文 史 哲 出 版 社
印 刷 者：文 史 哲 出 版 社
臺北市羅斯福路一段七十二巷四號
郵政劃撥帳號：一六一八〇一七五
電話886-2-23511028 · 傳真886-2-23965656

實價新臺幣三六〇元

中華民國九十八年（2009）九月初版

ISBN 978-957-549-864-1 08226

前言

夜間失眠，東思西想，想到拙著數十篇，在我過世之後，不識中文的兒女，會當廢紙拋棄，乃興起集印成冊的念頭。又恐質與量，都不足道，便乘赴台之時，特向吳東權學長請教。得他的鼓勵與協助，促成此書，特致謝忱。

吳宗珍

江山萬里情 2

代序

將近六十年前，政工幹部學校第一期新聞組有八十多位男生，只有六位女生，被視為「稀有動物」，本書作者吳宗珍學長就是其中之一。民國四十二年畢業後不久，班上同學鄧錦明脫穎而出，對吳宗珍發動猛烈攻勢，熱情似火，烈燄沖天，一發不可收拾，兩人立即陷入熱戀熾愛之中，他們不僅是同窗同志，而且是兩湖（湖北湖南）同鄉，無論才華儀表，莫不出類拔萃，結為連理，殊堪匹配，班上同學咸譽為「金童玉女」、「才子佳人」，是令人羨慕的神仙眷侶。婚後，鄧錦明學長在台北擔任聯絡官，英文造詣甚佳。後來，考取美軍設在沖繩的「聯合國軍之聲」任職，於是比翼雙飛，以聘雇人員的身份，持中華民國護照前往沖繩就職，是時，雙胞胎女兒三歲多，兒子剛兩歲。十五年後，取得美國永遠居留權的身份，又服務三十餘年，始行入籍美國，作為華裔美人。在琉球美軍傳播單位工作，吳宗珍學長則一方面教育美軍人員學習中文華語，一方面教導美軍眷屬學習中菜烹飪，並著有英文中菜食譜問世，藉以闡揚中華文化，夫唱婦隨，其樂融融，三十年如一日，退休後攜兒女闔家卜居美國西雅圖，過著閒雲野鶴、含飴弄孫、悠哉遊哉的養老生活，益發令人傾慕。

吳宗珍學長追隨夫婿，旅居海外，雖然無法發揮其所學，從事新聞傳播工作，但是始終不忘「行萬里路，讀萬卷書」的初衷，因此在公務餘暇，仍然經常運筆敘懷，除了撰寫食譜之外，更著墨於散文遊記，在海內外各報刊雜誌發表，由於她思維細膩、觀察入微，對於閱歷之事物景地，均能吮英吸萃，探古尋幽，加以筆觸受過新聞專業培訓，遣詞具備中外結構，所以信手寫來，自成脈絡，雖然篇幅不多，字數簡約，卻能娓娓道來，如數家珍，將人時地物描述得清新流暢，引人入勝。

唐代詩人盧綸有兩句名詩：「從今四海為家日，故壘蕭蕭蘆荻秋。」道盡了「浮雲遊子意，落日故人情」的心境。半世紀來，吳宗珍伉儷旅居海隅，身在異域心在漢，生活縱然舒適，環境固然優美，但是內心深處，顯然潛伏一股鄉愁的暗流，潺潺地激盪著故國的懷念、同胞的情誼、老友的惦掛、童年的回憶、傳統的文化，在在都像刻骨銘心的烙印，不時在腦幕上映現，這種剪不斷理還亂的思緒，猶如春蠶吐絲，自然而然地就順著她的筆尖，編織在她的文章中，隱隱約約地流露出來，所以讀了她的作品，不難從字裡行間，感觸到她內心深處的脈動。

這本《江山萬里情》，是吳宗珍精選了多年來所發表的遊記和散文，共四十四篇，分為「四洲遊蹤」、「時事時人」、「西洋節日」、「瑣事閒談」四個篇章，這些作品，大多數都發表在北美「世界日報」的副刊上，少數幾篇刊載在台灣的「自由談雜誌」、「中央副刊」以及「台灣日報副刊」，常用「謝爾瑞」為筆名，所以我很難得看到，即便讀過，也不知道是她的文章，這次承其不棄，將大作原稿託我付梓，才有機緣先行拜讀全文，不但感到萬分榮幸，而且閱後使我增廣見聞，充實知識，深感獲益良多，相信讀者讀後，肯定亦將與我有所同感。

由於吳宗珍的兩位千金及公子與孫輩均生長於美國，接受美式教育，以致對當今世界人口中使用最多、歷史最悠久的中文，無緣結識，難免令人扼腕，希望藉由這本集子的出版，應讓兒孫輩能從集中去探觸中文、喜愛中文、學習中文，在文章中去瞭解祖母的中文造詣之深、境界之高，進而體會先人「他鄉生白髮，舊國見青山」的遊子心情，那就對這本集子的出版更具意義了。

吳東權寫於二〇〇九年初夏之台北市

江山萬里情

目次

〔二〕時事時人……九三

貞信女中　照片中美國人為海小姐中排右三為作者

作者夫婦與美國朋友於 1979 年 10 月 19 日攝於夏威夷

赫斯特堡的正屋

赫斯特堡的正門

赫斯特堡的室內游泳池

今日的金華隆博物館

昔日的金華隆公司

作者在洛磯山湖泊雪景前留影

POPULAR
CHINESE DISHES

BY SHERRY TENG

作者著之英文中華食譜

冰　河

在冰河裡

Bow river 電影「大江東去」取景處

凱愛納爾杬堡

洛磯山露易士湖景

作者夫婿鄧錦明在洛磯山班芙泉旅館山下的
Bow 河為電影「大江東去」取景處

麥沙委爾蒂古印第安人穴居之房屋

麥沙委爾蒂美國古印第安人穴居之情形

在 Bow 河上的班芙旅館

澳州中部吸引遊客的巨石 Aryers Rock

布蘭海姆宮的展覽處

威爾斯國皇宮人員的古堡

布蘭海姆宮全景

作者夫婦與漢普頓皇宮的
男導遊合影

漢普頓皇宮的女導遊

作者登上英國最高的山－SNOWDONIA－

英國的小石陣

英國的大石陣

英國歷代威爾斯親王策封禮的地方 —— 凱愛納爾杻堡

漢普頓皇宮

看見皇旗在溫莎堡飄揚，表示女王在那裡

英國右城牆的殘垣

慶聖誕節一般的室外佈置

90 年代仿造之
琉球王宮

首里門古琉球
王宮入口

恩尼派爾喪生處，
已將原紀念他的石
頭變成了石碑

一、四洲遊蹤

遊伊江——懷恩尼派爾

「現在人們懷念伊江島，不是因爲我們曾在那裡寫下了一頁壯烈的戰史，而是爲了一位受人敬愛的戰地記者恩尼．派爾在那兒喪失了生命。」這是幾年前駐琉球美軍的一位高級軍官講的幾句話。

的確，伊江是個名不見經傳的小島，臨近沖繩。從沖繩西北角的久渡地乘輪船渡海，約四十分鐘可到。該島方圓不過十平方哩，全島八千居民，大都以捕魚或種甘蔗花生等爲生。那兒沒有珍奇名產，也沒有宜人景色。然而，無論寒暑，前往遊覽的人，爲數不少。這些遊人，都是爲了要憑弔恩尼．派爾的喪生地而去的。

星期日清晨，我們一行數十人，乘美軍觀光專車，於八時四十五分，從那霸美軍聯合服務處出發，向沖繩北部邁進。

沖繩居民多集居南部，一路北上，人煙越來越少，市聲亦漸絕於耳。尤其過了久良波後，公路是依山沿海而築，右邊是連綿不斷的重山松林，左邊是一望無際的浩瀚大海。湛藍的海，青翠的松林，靜寂的公路，高高的豔陽，爽爽的秋風，使久居鬧市的我，有悠然出塵之感。我不斷的探首窗外，想多呼吸點山海間的青新空氣。同行的人，個個都顯得神清氣爽。有的人，還紛紛拿起像機，隔窗攝取大自然的美景。

十一點半過名護後，平坦光潔的柏油路已到盡頭。車子折入一條曲折的山徑，顛顛簸簸的奔向久渡地。那條路，塵埃蔽天，觸目荒涼。沿途除了幾處碎石工廠外，難得看見一處人家。

我們在久渡地碼頭旁下車後，立即登上停泊岸邊的「伊江丸第二號」，這艘輪船，分上下兩層，各設木凳數排。我們上船時，上層已座無虛席。爲了要欣賞輪船行駛時的景色，我仍逗留在上層。站在船欄邊，遙望海那邊有兩座小島，不知那一座是伊江？後經導遊人指點，才知那看去酷似一頂墨西哥尖頂寬邊草帽的島嶼，就是我們的目的地。

隨著我們上船的，有美軍聯合服務處的服務員。他帶了一箱冷飲及三明治等，在船上兜售。當他只剩下幾瓶冷飲時，他舉起一瓶可口可樂說：「恩尼．派爾生前常喝可口可樂，誰要？請快買。」

十二點二十五分，一聲氣笛，輪船啓碇，緩緩調轉船頭，直駛伊江。那天，天高氣爽，風平浪靜。那不大的輪船行駛海上，有如坐木船過長江一樣。我想，要是這輪船也有一處低低的船舷，我也會像渡長江時一樣，伸手去撥弄那透籃的海水。輪船泊岸後，我看到那個尖帽頂卻是一座小山。而那寬寬的帽邊，是一塊塊平坦黝綠的甘蔗田。

那山名城山。位於島中央稍稍偏東的地方，海拔一七二英尺，是伊江獨一無二的高地。通往山腰，有碎石馬路，也有原始小徑。導遊先生有意要我們體嚐一番遊山的滋味，未讓我們乘車直上，卻將我們的車子停在山麓，大家只好氣吁吁的攀登而上。城山山腰，有鋼筋水泥的休息亭。亭前的廣場，可停汽車，也有小販出售冷飲及伊江特產花生。我們在那廣場的樹蔭下用過自帶的三明治後，即沿一羊腸小徑，攀登山頂。在山頂，居高臨下，可以環視全島。難怪當年美軍攻伊江時，日軍堅守著那座山，有恃無恐的沒有一個日本兵投降。從山麓至山巔，有不少陣亡日軍的記念碑。還有一座大半銹毀的日軍大砲，仍安放在原來的位置。

離開城山，在美軍俱樂部稍事休息後，即往我們遊伊江的目的地——恩尼．派爾喪生的地點。

恩尼．派爾喪生的地點離碼頭很近，乘車約兩分鐘可到。那是個佔地約三百坪的方形廣場，種有如茵的綠草。除正前方外，其餘三面，築有漆成白色的圍牆。圍牆內沿，是數十株隨風朝展的松樹。廣場中央稍前處，有記念碑一塊。那塊碑，高高的聳立在一個長方形的土堆上。那個土堆，有白石階三級，上面的綠草，修剪的整整齊齊。據說，那碑是恩尼的遺體移走後，美軍步兵第七十七師官兵用一塊粗石刻製的。現在，雖已修飾的平平整整，而上面的紀念文，仍是原來的筆跡。那碑爲白色，上窄下寬，高三尺許，正面的上半部刻有深籃色的自由神像，下半部刻的是如下紀念文：「At this spot, the 77th Infantry Division lost a buddy Ernie Pyle. 18 April 1945」〔在這裡，步兵第七十七師失去了一位好友，恩尼．派爾　一九四五年四月十八日〕。紀念碑的正前方，有旗桿一根，是駐沖繩美軍每年在恩尼的忌辰，舉行記念儀式時升旗用的。旗桿左右，各植扶桑一棵。記念地的前面有馬路一條，居民數家。

一位美國太太，在我們遊城山時，拆了一束扶桑花。我覺得很奇怪，不懂她爲何攀拆那易於凋謝而冲繩遍地皆是的扶桑花。及至到了恩尼．派爾　紀念地，看見她搶著第一個下車，肅然的將那束大紅的扶桑花置於紀念碑前，我才恍然大悟，真難得她有那份心意。當大家紛紛以照相機及電影攝影機忙於爭取鏡頭時，我不禁套着清范咸「題五妃墓」的詩，輕輕的哼着：「孤碑有人頻獻花，真令千古氣如生。」可惜我因行時匆忙，忘了帶照相機，失去了攝影留念的好機會。

從伊江回到久渡地時，已近薄暮。歸途，我一直伏在窗口，在暮色蒼茫中，回望那墨西哥尖頂寬帽式的小島，想着恩尼．派爾的生平。

記得第一次聽到恩尼．派爾這個名字，是我還在學校學新聞的時候。教採訪學的教授向我們提到他，說他是第二次世界大戰時最負盛名的戰地記者，是新聞從業員，尤其是軍事記者學習的好榜樣。以後，我讀過他的傳記，也讀過他的「大戰隨軍記」。從他的傳記及著作中，我才真正的體會到他負盛名的因素。我覺得，他的成名，不單是因爲他的動人的文章，主要的是他對工作的忠實。爲了工作，他腳踏實地的去幹。他只想對工作有交待，從未打算有甚麼收穫。然而，出乎意外的，他竟因此而成了名人。正如他自己所說的一樣：「我從未想過要做名人，我只是致力於我的工作而已，沒想到，盛名竟如此造成。」

二次大戰爆發後，他首先被派到倫敦。爲了報導英國被轟炸後的困境，他一夜夜的住宿在地洞裡，體會當時英國人在黑暗的防空洞裏的生活。以後，他被派往歐洲，非洲及亞洲的最前線，採訪戰地新聞。爲了要真實報導前線官兵的情形，他將自己視作士兵的一員，跟他們一起生活，一同行軍，一樣的睡在自己掘的戰壕裏，並且參加他們的登陸戰。由於他全心全力的去體會前線士兵的心情，發掘他們的遭遇。因而，他的報導，不僅真切，更能痛快淋漓的道出前線士兵的心聲，使那些遠離祖國，自以爲被國內人士遺忘了的美國士兵，從他的報導中，獲得他們應有的溫情與榮譽。他只是一名記者，但他卻無形的做了激勵士兵的工作。因而布萊德雷將軍〔當時美國參謀首長聯席會的主席〕曾說過：「恩尼在那兒，那裏的仗就會打得好些。」

一九四五年美軍進攻冲繩時，恩尼隨着第一艘登陸艇的士兵，一起衝上冲繩島。天黑後，他在團部附近掘了一個壕溝，縮在裏面，用他的耳朵及眼睛，去注意當時的情景。第二天，他拿出隨身攜帶的打字機，如此寫着：「整夜，頭上的火光不息，身後的炮聲不絕，跟着來的，是飛越的炮彈。在夜色中，士兵們黑影幢幢。電話中低低的命令聲，步槍聲，蚊子，星星，大海……」這些描述，不是親身經歷，如何能寫得如此細緻。由此可知，恩尼的作品，都是他親身所經歷的東西，都交織着他自己的感情，都有豐富的人情味。而且，他的取材，常是一般人所忽略，卻是有血有肉有價值的東西。

但是，恩尼從未對自己的作品滿意過。有時，甚至寫好了還不敢寄出去。他常常抱怨自己的稿子，不是說：「我看到的，都鼓不起我的情緒，我的稿子大概很壞吧？」就是說：「我已失去靈感，這些稿子，我覺得頑澀不靈。」然而，他自己認爲頑澀不靈的那篇「華斯克上尉」寄到美國後，被登在兩百多家報紙的第一版，轟動了整個美國。恩尼就是這樣一個虛懷若谷的人。他成名後，有廣播公司出高價搶購他的報導，也有報館用重薪誘導他跳槽，他都拒絕了。他告訴他的朋友說：「當你爲盛名所襲時，最好當心點。否則，你的時光，你的精神，將因你是名人而耗費殆盡，使你無法去兼顧家庭和朋友。不過，我無憂於名人的危險。因爲它來的太遲了，我年已四十有三，不再爲此而關心。」恩尼的淡泊明志，可從這幾句話中看出。大家喜歡恩尼，不是盲目的徒慕他的盛名，而是敬愛他的崇高的人格。

美軍攻冲繩時，恩尼隨着第一批士兵登陸。美軍打伊江時，他又隨軍前往。在許多戰役中，他都平安的渡過了。沒想到，在第二次世界大戰近尾聲的時候，在美軍佔領伊江的第三天，當他隨着三〇五團團長柯立基中校出去，尋找一個新地方作爲三〇五團的指揮部時，在一個叉路口，被匿藏在叢林裡的日軍狙擊。聽到槍聲後，他們立即跳到路旁溝中。當時，如果伏着不動，他會安然無恙。然而，他總是關心別人。他伸出頭去問躲在另一條溝中的一位軍官：「你怎麼樣？」他的話還未講完，一顆子彈向他飛來，擊中了他的左額。柯立基中校還想冒險去找醫藥，但醫藥對恩尼已無用了。步兵第七十七師的士兵用船板做了一口棺木，將他戴着帽子下葬。牧師說「這是他最喜歡的方式。」因而，舉行葬禮時，參加的人都戴着軍帽。以後，他的遺體移葬在火奴魯魯附近的美國國家公墓。步兵第七十七師的官兵卻在他喪生的地點，樹立了一塊石碑，供人憑弔。

想着，想着，汽車已駛進市區，那霸已是萬家燈火。整日奔波，身體雖覺疲乏，心靈卻異常滿足。因爲，從五年前踏上琉球的那天起，我就有一遊伊江島的意念。現在，我終於如願以償的憑弔了爲人敬愛的戰地記者──恩尼．派爾喪生的地方。

一九六五年十二月七日發表於中央日報副刊

註：十餘年前，筆者再遊伊江時，車過久良波後的道路，不再是曲折顛簸的山徑，而是平坦寬廣的柏油路，直達久渡地。而且，伊江已失去了原來的鄉村風味。開發中，恩尼喪生地的廣場變小了。下船的岸邊，從默默無聲變成了商業區，有店舖出售記念品及伊江名產花生。

麥沙・委爾蒂
——一個令人不可思議的地方

要知道美國原住民印地安人的生活情形，最佳去處莫過於位於以猶他，阿瑞桑納，科羅拉多及新墨西哥四州交界處的四角地帶。尤其是位於科羅拉多的麥沙。委爾帝〔Mesa Verde National Park〕國家公園內，更有眾多令人大開眼界的印地安古建築，包括許多建於峭壁中的懸崖屋，原始印地安村落等。

公元一六二〇年前的美國，是印地安人居住的地方。當年九月，一艘名「五月花」的船隻，載了一百多名清教徒，自英國的普利茅茲〔Plymouth〕港駛出。兩個多月後，他們抵達新大陸，在波士頓東南邊的，現也名普利茅茲的港口上岸定居，使這原屬印地安人的土地，首次出現了移民。因爲這個地方，地大物博，歐洲人知道後，紛紛移來，並用金錢或武力，奪取印地安人的地盤，逐漸的形成了現今的美國。

以白人爲主的美國政府設立後，原住民印地安人被趕往偏遠的地區，多過著貧苦的生活。現在，全國各州，雖然都有印地安部落，而以猶他，阿瑞桑納，科羅拉多及新墨西哥等州最多。因爲，這些地方，是古印地安部落最繁榮的地區，也是現在多數印地安人集居的地方。

四角地帶

美國各州的交界線，或曲或彎，惟獨上述四州的交界線，方方正正的成十字形相交於一點，使這四州，各站一角，因而，美國人將這個地區，稱爲「四角地帶」。而這十字交叉點周圍的土地，都屬於拿哇和〔Navajo〕部落。隨著觀光業的發達，拿哇和的人，便圍著那交叉點，蓋了一個亭台，在台上十字地點，鋪了一塊銅板，再依交界線的位子，在銅板上刻了一個大「十」字及各佔一角的州名，供人參觀。買票上台，站在那亭子的中央，便是雙腳同時踏上猶他，阿瑞桑納，科羅拉多及新墨西哥四州的土地了。

要知美國古今原住民的生活情形，最佳的去處，是四角地帶。這一地帶，有不少印地安部落，更是古印地安部落最繁榮的地方。這兒，有很多古印地安人的遺址，尤其是位於科羅拉多的麥沙。委爾帝〔Mesa Verde〕國家公園的古建築，不僅會使你驚訝，更會使你有不可思議之感。

古時的印地安人，沒有固定的住處，他們隨水草而居，以漁牧維生。大約公元五，六百年間，他們已稍知耕種。有一批人，遊達科羅拉多西南角一塊綠色的高地上後，看到那廣大的平原，可種玉米，瓜及豆類，便在那兒定居下來，這一住定，便是七，八百年之久，直到十三世紀中葉，才遷往他處。他們離開後，這個荒野的山谷，好幾百年間，都無人踏入。這個地方，便是今日的麥沙。委爾帝國家公園。

驚人的發現

麥沙。委爾帝，西班牙文「綠色桌面」的意思。最先進入科羅拉多的西班牙人，在柯梯支〔Cortez〕鎮的東邊，看到一塊綠色的平地，被高約兩千呎，筆直的絕壁團團圍住，像張桌子，聳立在四周的峽谷中，便叫它麥沙。委爾帝。

公元一八八八年，有兩個牛郎，爲了追尋一條失蹤的牛，跑進了這個荒野的山谷，卻驚異的發現，一些懸崖絕壁的山洞裡，竟有三，四層高的磚石房子。消息傳出後，考古學家相繼前往，把那些塵沙封埋的遺址，一處處的清理出來，於以分類，比較，分析，試著想瞭解古印地安人的生活。可是，一百多年來，直到科學昌明的今日，仍無法找到完整的答案。

不過，他們從那些房舍的建築技術，與從斜坡下垃圾堆裡挖出的陶器碎片，編織品，石頭及骨頭磨成的工具等研判，他們認爲，那時印地安人的建築方法及手工藝，已相當技巧，藝術水準也高。當時，他們已知用當地的沙石，搥成長方形的磚塊，再用水與泥調成漿糊，砌建磚石屋；他們也知就地取材，用山上的野草，柳枝，編織大小不同，形狀有異，設計精美的籃子，罐子，用它們運水，儲藏食物，甚至用以將食物悶熟。

用罐子盛水，煮食，怎麼可能？可是，那時的他們，已知將編織的罐子，塗上一層針葉樹的汁，使水不會漏出。他們除了用那種罐子運水，儲水外，還將燒的很熱的石頭放入水中，用高溫的水將食物燙熟。以後，他們又知用那兒的磁土，製造精緻美麗的陶器。考古學家說，他們的手工藝品，可說是北美最細緻的。現在，編織品及陶器，仍是印地安人最佳的產品。

在麥沙·委爾帝，這塊方圓八十哩的高地上，可以看到印地安人最初的房屋—坑屋，及建築在峭壁裡的村落——懸崖屋。在這以前，他們住在山旁挖掘的，寬僅數呎，高觸頭頂的洞穴而已。這種洞穴，在新墨西哥州首都聖塔費（Santa Fe）北邊的，聖塔克萊納部落裡，仍可看到。

麥沙·委爾帝，是塊平坦的高原，沒有掘洞的山坡，他們便在地上挖個深約三，四呎的坑，在坑的四周，豎些樹幹，蓋個高及頭部的屋頂，住在裡面。這種住所，名爲坑屋。然後，他們在地面上建築每戶連在一起，用泥磚砌成的，有牆有壁的房舍，形成一個個的村落。最後，他們將房子蓋在峭壁的洞裡，建築懸崖屋。

這時，他們的建築技藝，已相當的精緻。洞裡的房子，雖然也是戶戶相連的磚石屋，卻比地面上的大些，高些，也美麗些，甚至有圓形的樓房。當你面臨其境，看到那些建築在峭壁洞裡，無路可通的村落，會不期然的思索，他們爲何不畏艱苦的攀爬懸崖峭壁，將建築材料運往洞裡，建築住處？考古學家說，也許是防禦敵人的攻擊，也許可以躲避暴風雨，也許爲宗教的因素，總之，很難推測。

不過，考古學家判斷，這兒最興盛的時期，在公元一一〇〇年至一三〇〇年之間，那時，當地的人口，可能多達數千人。

發現這公園已一百多年了，考古學家仍繼續挖掘，研判。到目前爲止，已清出的，大大小小的遺址，多達四千餘處，而以懸崖屋，最令人嘆爲觀止，最能使人體會到那些古人的文化。因而，國會已於一九〇六年立法，將這個地方，立爲國家公園，成爲美國第一個保留原始文物的公園。一九七八年，更被聯合國訂爲世界級的遺址。

迷人的懸崖屋

在峭壁洞裡的村落，都有個很好聽的名字，它們是雲杉樹屋（Spruce Tree House），懸崖宮（Cliff Palace），陽台屋（Balcony House）及方塔屋（Square Tower House）等。

雲杉樹屋，是爲最完整的村落。在一個寬二一六呎，深八十九呎的洞穴裡，有一一四棟房舍。那洞旁，還有八個克窪（Kiva），一個廣場。房子的牆高而直，是用仔細造型的石頭堆砌的，還有圓形樓房。考古學家根據那些房間及克窪的數字推測，這個村莊的人口，約一百至一百二十五之間。

克窪是圓形有頂的深而大的地洞，頂中央有個方形的洞口，架著一個樓梯，供人爬進爬出。這是他們拜神及集會的地方，也是最神聖的地方，不可隨便進入。廣場是村民活動的地方，孩子們在那兒遊玩；婦女們在那裡編織，做陶器；老人聚集在那兒閒聊。

那兒是各懸崖屋中較易行走的地方。其類似公寓的房舍，有兩百多個房間，很多儲藏室。去那兒，得爬七十五呎的斜坡及一些台階，再爬幾個樓梯，才能抵達。

陽台屋，有段艱險的旅程，要看這個地方，需膽大又體力充沛才行。因爲，去那高台上，須爬三十二呎高的樓梯外，還得匍匐而行的穿越一個隧道，才能到達目的地，而且，還需自帶飲水。

要觀賞上述各懸崖屋，都需分別另買參觀卷，在規定的時間集合後，由公園管理員帶領前往，並由其解說。然而，方塔屋這個有四層樓高的方形房屋，像座寶塔，卻建在深谷旁的峭壁中，艱困難爬，這個地方，只能遠觀，無法進入。

最佳遊覽季

秋天，這兒天高氣爽，陽光普照，不熱也不冷，是最好的遊覽季節。這時，也比較容易訂到公園裡的，有陽台的房間。此時前往，不僅方便，黃昏時，坐在陽台上，還可觀賞新墨西哥州射出的燈光。

二〇〇一年　發表於世界日報十月廿八日至十一月三日之世界週刊

眞正的澳洲

有人說，澳洲的中部及北部，才是眞正的澳洲，不去眞正的澳洲，等於沒到澳洲。爲了要看眞正的澳洲，當我們安排澳洲之旅時，便將日程集中在中，北兩個地區。到達雪梨後，除了探友，遊港，往藍山，參觀動物園，看袋鼠及無尾熊外，其餘的兩週時間，都花在中北部。

紅色的中部

澳洲地廣人稀，中部是廣闊的沙漠地帶，因其沙是紅的，被稱爲「紅色的中部」。對澳洲人來說，這塊原住民的地區，是個神秘的地方，一些傳奇的，令人不可思議的故事，都由此地而出。

這個地區，原是個荒涼的大平原，人跡稀少，幾乎與世界隔絕。一八七三年，歐洲人 William Christie Goose，發現那裡有個紅色的巨石，獨立在廣闊的平原裡。那巨石容光煥發的紅色，隨着日光的移動，一日數變，到日落時，變成深暗的紫色，非常奇特，原住民稱它 Uluru。發現奇特巨石的消息傳出後，便有人前往觀賞，而且去的人越來越多，一八八三年，一個休假中心興起了，兩年後，政府更將其四周三千多英畝的地，一起劃爲公園。因其旁的地區名 Kata-Tjuta，便用這兩個名字，取名爲 Uluru-Kata-Tjuta 國家公園。

該石高三百四十八公尺，圍度近九公里半，像座無樹無草的小山。他本名 Uluru，因當時澳洲總理是 Henry Ayers，Goose，便用總理的姓，稱它 Ayers Rock。現在，Ayers Rock，不僅是那巨石的名字，也是那個地區的名字。

Ayers Rock，有小路通往頂端，可是，當地人不鼓勵遊人前往，但也不禁止。他們的理由是：一、那是他們神秘的聖地，希望遊客尊敬他們的文化，別去打擾。二、那兒不時有風，路也很滑，風大路滑時，就會封閉，爲安全計，最好不要上去。對要上去的人，他們建議，頂上的氣溫高達攝氏三十六度，那裡沒有設備，無水，也無食物，應該自備。而且，必須有強健的身體，才能爬上去，再下來。因而，多數遊客，只沿石底走一圈，看很深的裂縫及石底洞內遺留的，早期原住民的藝品。沿底端走一圈，需四個多小時。

因巨石的顏色，一日數變，無論遊覽車去那個觀光點，所走的路線，都會讓遊客在不同的時間，欣賞不同的色彩。

去那兒，白天看各處不同形狀，也含有原住民文化的岩石外，還可在清晨看日出，日暮將垂時看日落。而且，旅遊公司對觀賞日出與日落的安排，非常羅曼蒂克。清晨五點多，天仍黑暗，在曚曨的夜色中，遊覽車，小驕車，紛紛前往巨石旁，佈滿停車場，等待看日出。

我們的車子停好後，司機︹兼導遊︺搬出一張桌子，放在車旁，擺上熱水瓶，咖啡，茶及糖等，供客人一邊喝熱騰騰的飲料，一邊看慢慢升起的太陽。到了日落的時候，各種車輛，又聚集那兒，依然擺設飲料，甚至點心，共客人吃喝。有的旅行社，還很講究的將桌子舖上白桌布，放置酒及點心，像雞尾酒會般的款待他們的客人。太陽西沉後，大家於星光下，車燈交織中，再紛紛離開。

我們的旅行社，更別出心裁的，安排了一個名「Sounds of Silence Dinner︹息聲晚宴」」的筵席，讓遊客在紅沙地的曠野裡看日落。場地雖是野外，卻佈置得與室內無異，設有酒吧，餐桌也舖上雪白的桌布。餐食除牛，雞肉外，還備有澳洲特有的袋鼠肉，鱷魚肉等。餐中，也有原住民用他們特有的樂器演奏，供客人欣賞。然後，再由當地的星相家，將燭光熄滅，拿起探照燈，指向天空，教大家辨認那顆是最好的星星。

Ayers Rock，是個風景與文化兼具的公園，是個只有旅館，沒有居民的渡假村。村裡有高至五星級的旅館，免費環行全村的交通車，一個小型的購物中心，也有超市、銀行、郵局、速食店等，使旅客非常方便。離購物中心不遠處，有個駱駝場，供人體驗試騎駱駝的滋味。

北方領土

位居澳洲最北端的城市 Darwin，是個人口不多的小市，澳洲人稱它爲「Top End（頂點）」，在它的東邊，是澳洲有名的「Kakadu 國家公園」，去那兒，Darwin 是必經之地。可能因其人口稀少，這城市的商店，公車，甚至小型遊覽車，一到五點鐘，全停止營業。然而，行動並不太難，有家二十四小時營業的車公司，隨時有車，隨叫隨到，而且，車資不以里程，而以人數計算，在市區內，無論遠近，價都一樣，也很便宜。這兒的海鮮，更是價廉物美的令人吃後難忘。

從 Darwin 去「Kakadu 國家公園」的路上，在兩旁的田園裡，會看到很多高大的土堆。事實上，那不是土堆，而是白蟻築起的蟻巢。真令人無法相信，小小的白蟻，會造出比人高大，像座丘陵的巢穴。在 Kakadu 公園裡，還可看到一些在樹根處，正在興建的蟻巢。爲何公園管理的人任其建築而不阻止？因爲，他們認爲，蟻巢含植物再造的元素，它們會變成營養很高的肥料，使其周圍的土地肥沃。

Kakadu 公園，面積兩萬公里，有各種珍禽異獸，稀有植物，古時原住民的文物。那兒也有很多的鱷魚，爲了不被鱷魚侵犯，一些有水的地方，都有警告牌子，提醒遊客注意。鱷魚，好像是那兒的代表物，連園裡的旅館，都建成鱷魚型。

Top End 一帶，是早期原住民的居住的地方，現在，也是澳洲原住民最多的地方。Kakadu 公園裡，仍有一些原住民，住在那兒。原住民是真正的澳洲人，只有在這兒，可探索早期原住民的生活情形，他們的文化。所以，有人說，這裡才是「真正的澳洲」。

所以，有人說，遊澳洲，應去北部，爬山往古時原住民居住的地區，了解他們居住的環境，看他們刻在洞壁及岩石上的、描述他們生活情形的畫，才知真正的澳洲。考古學家說，那兒的岩石藝術，最早的，有兩萬三千年之久，最新的，也在八，九千年左右。公園裡的 Warradjan 原住民文化中心，展示當地文化演進的情形，還製出古時該地區的景象，供人思索。

這地區，沒有四季之分，只有乾，濕兩季。乾季氣溫，日暖夜涼；濕季有暴風雨，會積水六十五吋深。在濕季去 Kakadu 公園，車子需涉水而過，因而，那裡積水較深的地方，都立有標尺，讓駕駛者知道，能否駛越。我們是濕季去的，曾乘過涉水而過的車子。

一腳踏出的觀光盛地——洛磯山

遊過洛磯山的人，多有同感，認爲那兒的景色，令人百看不厭。因而，有不少人，不止一次的前往那裡遊玩，我也是其中之一。據該地公園管理處的統計，每年從世界各地前往遊覽的人，近五百萬名。

洛磯山一帶的景致，真是名不虛傳，那兒有終年積雪的高山，綠似翡翠的湖泊，在市區漫步的鹿，奔越馬路的羊群或鹿群，都可令人一飽眼福。

此地原是個荒山僻壤，直至十九世紀末，加拿大的鐵路，開始由東向西延伸時，才被人發現。一八八七年，當鐵路築到洛磯山脈時，有三個築路的工人，利用休假的時間，去爬山探險，其中一人，不小心失足，一腳踏進一個水窪裡，他立即大聲叫道：「水是熱的！水是熱的！」於是，他們三人，便好奇的隨著水流的地方尋找去，找到一個地洞，往下一看，底下是個池塘。爲了探知池裡的水是否也是熱的，他們砍了一株細長的樹，除去枝葉，插進池裡，用作支柱，抱著滑進池裡。他們發現，池裡的水也是熱的。他們興奮的在裡面戲水一陣後，忽然談到，這是我們發現的，我們有權讓人出錢下洞泡溫泉。談到這裡，他們立即爬出洞，動手砍些樹，在洞旁蓋了一間小房子，並掛上一塊寫着：「旅館」的牌子。然後，其中一人，前往城裡，設法獲取產權。不料遇到一個騙子，簽約之後反而喪失了產權。他們不服，告上法庭。法官處理該案後，政府察覺到該地具發展機會，爲防止商人爭奪，便宣稱溫泉是國家的財產，應屬國有，更於一八八五年，將其周圍十平方公哩的地方，劃爲國有保留地。

當時的人都相信，溫泉可治很多病症，因而，溫泉的消息傳出後，雖然那兒尙無任何設備，要泡溫泉，只能用樓梯爬進爬出，而前往者，仍絡繹不絕。而且，去過的人，除了喜愛那兒的溫泉外，對那一帶的風景，更是讚不絕口。那些佳評，觸動了政府把那地區，建爲公園的念頭，便於一八八七年，將其四周共兩百六十平方哩的地區，訂爲國家公園，名「洛磯山國家公園」，使其成爲加拿大第一個國家公園。以後逐漸發展，並易名爲「班芙（Banff）國家公園」。目前，該公園的面積有兩千五百六十四平方哩，是北美洲第二大，全世界第三大的公園。

隨着遊客的增長，爲了遊客的需求，一座遊客服務中心，在溫泉洞旁豎起了。室內設有展覽室，展示溫泉被發展的資料，並有電影，演出當時那三位工人在洞中戲水，以及在城裡被騙的情形。也在室內，開出一條通道，直達池邊。屋旁也開出一條小徑，通往發現溫泉的洞口，讓人從洞口下望，觀看該公園的發祥地。如果你去的時間很巧，那兒有免費的導遊，帶領參觀並解說。現在，公園管理處更將服務中心周圍，開發成一個小形遊樂園地，供人漫步，欣賞附近景色。

班芙的首家旅館，爲加拿大鐵路公司所建，名「班芙泉〔Banff Spring Hotel〕旅館」，在 Bow 河〔影星馬麗蓮夢露主演的電影「大江東去」，取景此河〕旁的山頂上，形似古堡，大且貴。

爲了使越來越多的遊客方便，一個在公園裡的班芙鎮興起了。鎮裡的旅館，餐館，雜貨店，禮品店，都由商人開設。這是加拿大管理國家公園的特色，不像美國的國家公園裡，只有昂貴的旅館數家，餐館少許。班芙鎮的旅館及商店林立，餐館亦多，高級的，速食的，各種口味的，與一般市鎮無異，價亦公道。班芙附近，有湖泊數處，其中水綠似玉的路易士湖，是到班芙的遊人，必去的地方。該園內也有峽谷及瀑布，去觀賞它們，必須探險似的，爬山行走於狹窄，依山臨溪而築的小徑。去班芙，除了欣賞景色，遊湖，划船，騎馬，坐纜車，乘直昇機等，各種娛樂都有，真是個理想的休閒處。

班芙公園的北邊，是與其相連的加斯沛爾〔Jasper〕國家公園，從班芙前往，車程約二小時。那兒有洛磯山脈最大的冰河——哥倫比亞的冰河。此冰河約十哩寬，十五哩長，普通車輛，無法進入，也不准擅自進入。但是，哥倫比亞冰河中心備有專車，定時前往。在該中心登記付款後，在指定的時間上車，行約一哩多，進入後，可下車觀望遊玩。

加拿大國家公園的特色是風景，娛樂及自然物的保護。對風景，力求維持原貌；對娛樂，設備完善；對野生動物，絕不傷害。因爲，他們認爲，那些地方，原是它們的家，它們有權在那裡生活。它們的出現，應該尊重，不要打擾它們；該讓路時，應該讓開。因而，在班芙街上，可以看到漫步的鹿，在馬路上，可遇上奔越馬路的羊或鹿群。

行駛於那兒的公路上，處處可看到路旁山坡地上，有各種動物出現，如果運氣好，還可看到熊，但是，熊很難在白天出現。我們於晚餐後，曾特意去一熊常出現的地方，想看到它們，可是，第一次，我們失望而歸。第二次，才看到一隻小熊，躲在遠處的森林裡。

遐想成真的赫斯特堡

得知早年美國報業大亨，赫斯特報係的擁有人，威廉蘭道夫。赫斯特〔William Randolph Hearst〕，在加州古堡似的住宅，已開放供人參觀，即想看看，卻沒有機會。直到女兒遷往Santa Barbara後，我們去探望她時，她帶我們前往，才得如願以賞。

赫斯特堡，在加州San Simeon的一座山頂上，從Santa Barbara沿一〇一號公路北上，再轉往彎曲卻景色宜人的一號公路，就可抵達。在一號公路上，車行約半小時後，在距離我們目的地約十分鐘的地方，便遙見那雄偉的堡壘，聳立在矇朧的雲霧中。

威廉蘭道夫的父親喬治，於十九世紀中葉，從東部遷到加州後，發現了銀礦，成爲富有的礦業家。一八六五年，他買下San Simeon及其附近地區共四萬畝地的牧場，然後再逐漸擴展，到了一九一九年，他的牧場，已增至二十五萬畝。其中被他命名爲「The Enchanted hill〔迷人山坡〕」的山頂，居高臨下，一望無際起伏的山坡，蔚藍的太平洋，盡收眼底。在這兒，無論從任何角度望去，都有如畫的美景。因而，當時赫斯特家人，常邀親友，前往露營。因此，他們稱此地爲「露營坡」。每年，他們都在這露營坡上，豎起兩個帳篷，一個供他們起居，一個做廚房及餐廳。

威廉蘭道夫是喬治的獨子，生於一八八七年，幼時隨家人來此山頂露營時，就被那那兒的風景吸引住了。他常獨自爬到樹上，望著那些令他陶醉的景色遐想。十歲那年，他隨母親遊歐洲各處的古堡時，就愛上了古堡的雄偉。因而，當他在露營坡上遐思時，就曾想到：「在這裡蓋座堡壘，多好！」

他成長後，是位有雄才大謀的人。曾入哈佛大學就讀，未畢業，即從事新聞工作。一八八七年，他接掌父親辦的「San Francisco Daily Examiner（舊金山觀察日報）」後，即襲用當時名報人 Joseph Pulitzer（約瑟夫。普立茲）辦報的方法，使新聞內容，著重於揭發貪污瀆職，犯罪，及詳細報導災難的情形等，使他的報紙，成爲舊金山銷路最好，最爲讀者喜愛的報紙。僅一年，該報的銷售量。就增加了一倍，與普立茲的報紙並駕齊驅了。然後，他逐漸買下「紐約早報」，「芝加哥觀察報」，「波士頓美洲報」，並創辦「紐約日報」及「今日新聞晚報」等。到了一九二五年，他擁有的報紙，已遍及東西兩岸十七個城市。除此，他也是新聞通訊社，廣播電台，雜誌社，出版社等的主人翁。總之，在他事業的巔峰期，他曾擁有二十六家報紙，十三家全國性的刊物，八家廣播電台。他也製作了很多新聞片，一百多部電影，使他成爲當時美國傳媒界的帝王。他是新聞人員，也是政治人物。他善於用他的傳媒，呼籲直選議員，鼓吹婦女參政，八小時工作制，反對美國捲入世界大戰，攻擊共產主義等。

當他事業大成，經濟充裕後，便想實現他的遐想，要在露營坡上，建座堡壘。可是，那地產是他父親的，他不能使用；母親也不同意他的想法。直到一九一九年，他五十六歲時，母親去世，他繼承了母親全部遺產後，便立即開始進行他建堡壘的計劃。他找當時加州的名建築師 Julia Morgan〔裘麗亞．摩根〕女士，對她說：「摩根小姐，我已疲於在山坡地露營了，我想在露營坡，蓋棟與眾不同的房子。」於是，他們開始研究，策劃。結果，在他倆精心的策劃下，興建起來的，不只是一棟與眾不同的房子，而是一座全世界最雄偉，最值得觀賞的堡壘。

該佔地一百二十七英畝的赫斯特堡，一九一九年開工，一九四七年完成，費時二十八年。那些建築物，具地中海風格，而其灰白色的泥土牆，紅色的屋頂，又有西班牙的特色。其中主屋，有一百一十五個房間。另外三棟客屋，各有五十個房間。房子建成後，他們也在周圍的坡地上造園，種花植樹；造室內外寬大，富麗堂皇的游泳池。各處陽台，花木扶疏，雕像處處。

威廉愛廣泛的收藏古董及藝術品，尤其是意大利及西班牙的，使其與該建築物相配合。

進入屋內，可看到已數百年的家具，日用品，名畫等。他收藏的東西，既多也廣，使他成爲美國最有名的，私人藝術品收藏家之一。因有那雄偉美麗的房屋，那樣多的寶藏，他曾說：「如果這兒能成爲博物館，該是我一生所做之事中，最好的一件。」一九五一年他去世後，他的後裔，可能是爲了成全他的願望，也可能認爲那座美國唯一的堡壘，及堡內的寶藏，應該供人欣賞，便於一九五七年，將它們全部捐贈給加州政府，由州公園及娛樂管理部管理，並開放供人參觀。

由於該堡地大物也多，展示分五個行程，分別售票，按票上規定的時間，從山腳下的訪客中心，乘堡內的專車登山。每個行程，需時約兩個多小時。如要參觀所有的地方，至少需兩天一夜。因此，訪客中心建議，首次前往者，最好先參觀名「經驗之旅」的第一個行程。

我們是第一次去，便依他們的建議，參與了「經驗之旅」的隊伍，照票上指定的時間，排隊等候上車。從山底至山頂的路，非常彎曲，車子爬至半坡停車處時，導遊已等在那兒。我們下車後，他先給大家介紹該堡興建的情形，然後帶領大家，拾級而上，先進入一棟位於半坡的房子，我們以為，那就是我們要看的地方。導遊卻說：「這不時主屋，只是一棟有十八個房間的客房」。然而，十八個房間中，只有四間寢室，四個浴室及一起坐間，供人參觀。走出屋外，轉往稱為「海神池」的室外游泳池。該池長三十四公尺，池中有羅馬神話中的海神與希臘神話中的半人塑像，池旁迴廊豎立的石柱，似古羅馬的建築。再登十數級石階，穿過一個有四座獅身人面塑像，鋪紅地磚，時花處處的庭院，才到達屋頂有兩座高塔的主屋前。

主屋前面的牆上，嵌有五世紀西班牙哥特族人的塑像。主屋的大門，是十六世紀西班牙式的鐵門，卻緊閉着。去門內的客廳，必須從側門進入。廳裡有個高及天花板的大壁爐，爐旁牆壁前，放置一排十六世紀教堂唱詩班用的木椅。那兒的天花板，是雕刻精緻的圖案或人像，四壁掛的，是四條纖纖的大毛毯。廳裡的沙發，台燈及一些飾物，都是十五世紀的。從客廳往裡面走去，進入餐廳，二十餘張椅子，圍着一個很長的餐桌。那兒的裝飾，只有兩邊牆壁上懸掛的，幾十幅顏色不同，圖案各異的旗幟。導遊說，那些旗幟，是歐洲賽馬者的錦標，威廉特意收藏的。

再往裡面走，經過一間有撞球台的娛樂室，便是小形戲院。裡面有個舞台。導遊說，有的時候，會放映早期主客在那兒活動的影片，給遊客欣賞，可惜我們沒看到。離開戲院，穿過院落，進入一間金壁輝煌的大型室內游泳池。此池名「羅馬池」，天花板，牆壁及泳池的磁磚，都是由意大利進口的。他們用一吋方形的磁磚，拼成圖案，每個圖案的中間，堪入一塊純金的。

走出羅馬池，車子已等在門前。上車下山，在訪客中心看一場興建該堡的電影後，便結束了「經驗之旅」。其實，遊此堡，雖有五個行程，筆者研究後，覺得「經驗之旅」是重點。其餘的，只是參觀那兒的圖書，名畫，古董，二三樓的建築及春，秋兩季於週末夜晚舉行的娛樂節目。

探古尋幽英倫行

古堡，是歷史的痕跡，也是使人覺得神秘的地方。我愛歷史，亦喜觀賞古蹟。據說，英國有一千多個古堡，歷史學家更說，建於十一至十六世紀之間的，才是真正的古堡。當我們去英國探視女兒時，特要她帶我們去參觀各處的古堡，因而，我們的足跡，從倫敦附近的溫莎堡，倫敦塔及漢普頓宮，曾遠至西邊威爾斯境內的凱愛納枉堡。

溫莎堡〔Windsor Castle〕

溫莎堡，在倫敦西邊二十二哩處，建於九百多年前，亨利八世時，曾大勢整修，始具現今的規模，成爲英國最大的，仍爲皇室居住及執行公務的古堡。

二次大戰時，倫敦三分之一的地方，被德國炸得滿目瘡痍，然而，溫莎堡卻絲毫未損。傳說，是因希特勒打算佔據倫敦後，要住在那裡，因而下令，別毀壞該堡。

一九九二年的一場火災，燒毀了地面五分之一的房舍，女王伊麗莎白不願花公款修理，決定開放，用入場費，作爲維修的資源。現在，那些燒毀的房間，已修復的金碧輝煌，該堡仍繼續開放，供人參觀。

堡內收藏的，有最好的瓷器，雕塑及名畫家的畫，還有一個娃娃室，專門展示瑪麗皇后收集的，各式各樣小巧精緻的玩具。

堡內還有兩個教堂，其中的 St. George's 教堂，曾是皇室舉行婚禮的地方，也是十位國王及皇后的安息處。亨利八世及他的第三位皇后 Jane Seymour，都葬在那兒。

現在，伊麗莎白女王，偶爾會去那兒度週末，或辦私人活動；有時，她也在那兒執行公務。遊客去那兒時，如果看見東部的高樓上，升起了皇室的旗幟，表示女王正在那裡。我們去時，正好看到那面升起的皇旗，可是，也因爲女王在那兒，有些地方被圍住，不能進入。

倫敦塔〔The Tower of London〕

在泰晤士河的遊船上，導遊指著遠處一棟白色的大建築物說：「那是倫敦塔」。當時，真以爲那是「塔」，及至前往參觀時，才知那不是「塔」，而是一座城堡。該堡佔地十八畝，是羅馬帝國征服英國後，於一〇七八年開始興建的，以後又逐漸增建，始有現今的規模。這城堡，爲當時的軍事重地，因而，牠的城牆，既高也厚。古時，還有一圈護城河。

現在，那護城河，已看不到河水，進入眼簾的，是美麗的花圃，種植各種花卉。進入堡內的大門，是當時犯人必經之門，因而被命名爲「叛逆者之門」。可是，現今的觀光客，也需經由此門，才能進入。

這城堡，是軍事重地，也是都鐸王朝〔1485-1603〕的皇宮。內分皇后屋（The Gueen's House），白塔（White Tower），綠塔（Green Tower），鐘塔（Bell Tower）及包恰僕普塔（Beauchamp）等。白塔原爲皇室舉辦活動的地方，也關過犯人，後爲儲藏兵器處。綠塔是刑場，專門處決皇室人員，大臣及知名之士的地方。那兒，曾設有斷頭台。現在，那個刑具，已經消失，卻有一塊牌子，標示刑具所在地，牌上還列有在那兒喪生者的姓名及處決日期。鐘塔上的鐘，是示警用的，當鐘聲響起時，各城門都關閉，護城河上的吊橋都收起。現在，每天旁晚時，鐘聲也會響起，那是告訴遊客，是離去的時候了。

此堡雖是皇宮，可是，歷代都鐸皇室的人員，都不住在這裡。雖然他們都不住在這裡，這兒卻是都鐸史中令人無法忘懷的地方。因爲，那兒常用作監獄，監禁皇室成員，政治人物及學者。被關在那裡的，有後來的國王瑞契爾三世，亨利六世，亨利八世的第二位皇后 Ann Boleyn，登基前的女王伊麗莎白一世，愛德華五世與他的弟弟，總理 Thomas More，主教 John Fisher 等共九十餘位。

各塔都曾用做監獄，在 The Beauchamp Tower 各房間的牆壁上，現在還可看到很多已腐蝕了的，犯人刻下的字跡。Walter Rauegh 公爵，在被關在那兒十三年中，寫了一部世界史。

The Beauchamp Tower，也叫 Bloody Tower（血腥塔），是因愛德華四世兩個年幼的兒子，在那兒被謀殺而得名。一四八三年，愛德華四世臨終時，要他的弟弟瑞契爾扶助他年僅十二歲的兒子愛德華五世。不料瑞契爾居心叵測，爲了篡奪王位，不但未盡扶助幼王之力，反把年幼的國王及他的弟弟，一起關進塔裡，自立爲王，爲瑞契爾三世。可憐那兩個孩子，自進入塔裡後，即消聲滅跡。一六七四年，塔裡發現兩具孩子的屍骨，證明他們在那兒喪生。他們是如何死的？在他們被禁閉的地方有一幅畫，說明他們是在那裡被悶死後抱開的。

亨利八世，是個無情無義的暴君。他最接近的大臣 Thomas More，因反對他為了想跟 Ann Boleyn 結婚，要與皇后凱瑟琳離婚一事，被亨利認為叛徒，將他關進塔裡，並在那裡處決。喜新厭舊的亨利，娶了 Ann Boleyn，並立為皇后後，又因愛上了另一女人 Jane Seymour，便無中生有的說 Ann 有外遇，也將她關進塔裡，還在綠塔斬其首。

現在，去那兒觀光，除了參觀塔裡各處，還可看到歷代國王及皇后的冠冕，國王的戰袍，他們用過的武器及各朝代的兵器等。那裡還有個很大的的模型，可一覽該塔全貌。

漢普頓宮（Hampton Court Palace）

這座皇宮，在倫敦西南十二處，是英國最大的皇宮。該屋原為教士 Wolsey 的私人住宅，一五二六年，他為了討好亨利八世，將它獻給皇室。亨利住進後，加以整修擴大，並以紅磚改建，成為 Tudor（都鐸）王朝的特色，也成為當時流行的建築式樣。自那時起，至一七六〇年止，除了吉姆士二世外，所有國王，都住在這裡。

都鐸王朝，是英國最興盛的時期，也是英國最著名的王朝。從亨利七世起，至他的兒子亨利八世及孫兒愛德華，孫女瑪麗女王及伊麗莎白女王等，相繼五個朝代，風光了一一八年，使漢普頓宮成爲那個時期的政治中心。在那段時期，英國對外，不僅征服了鄰近的愛爾蘭，其勢力更擴展至世界其他地區，使其成爲歐洲第一個有殖民地的國家。對內，則大勢興革，尤其在文化方面的推動，孕育出了大文豪莎士比亞，名詩人斯賓瑟（Edmund Spenser）等。在英國的影響下，也促成了歐洲的文藝復興。

走進漢普頓宮，除了看到十七世紀式的家具及裝飾，欣賞那兒收藏的，英，意，荷，比等國名畫家的畫外，還能體會到都鐸王朝的生活情景。那兒有穿著十七世紀男女服飾的導遊，向遊客介紹該宮的情形，然後帶領大家往各處參觀並解說。

進入那原封未動的廚房，不僅看到當年的廚具，餐具，還有穿著當年制服的廚師，示範做英國餅。一個又寬又高的烤爐，燃燒著熊熊的火，烤著掛在鐵棍上的雞。

該宮的後院，是個大花園，瀕臨泰晤士河，花木扶疏，爲英國最美的花園之一，遊客可漫遊其中。

此宮雖已開放供人參觀，卻有一小部份，他們稱爲公寓的地方，仍有受皇室撫恤的人或其家屬住在裡面，不能進入。

凱愛納爾枉堡〔Caernarvon Castle〕

英國的古堡雖多，然而，除了上述三處外，其中較大較爲爲完整，且仍爲歷代太子被封爲威爾斯親王時，舉行策封典禮的地方，爲凱愛納爾枉堡。

凱愛納爾枉堡，在倫敦西北二二〇哩的威爾斯的北部。威爾斯的幅員，從南到北一三〇哩，從東至西一一二哩，地雖不大，卻有六十多個古堡，還有一座全英國最高的山——Mountain Snowdonia。在這座高山上，天高氣爽的時候，可看到北邊的蘇格蘭，西邊的愛爾蘭。可惜我們爬到山石嶙峋的頂端時，山下卻煙霧迷濛，未能一飽眼福。

公元一二八二年，英王愛德華一世征服了威爾斯，使其成爲英國的領土。雖然如此，威爾斯人，仍保持著他們的一切，不肯英化。愛德華認爲那是反對英國的表現，爲了使其英化，便將其北邊的凱愛納爾枉市，設爲威爾斯的首都，並在其港口，蓋了這個象徵權勢的堡壘，顯示英國的統治。他征服威爾斯兩年後，其長子在堡內出生。到了一三〇一年時，當他將長子封爲威爾斯親王時，也將凱愛納爾枉堡，定爲親王的宮廷，更規定威爾斯親王的策封禮，都在此堡舉行。自那以後，所有國王的長子，在被封爲威爾斯親王時的策封典禮，都在此堡內舉行。現在，去堡內的博物館參觀，可看到現今太子查爾斯在此被策封爲威爾斯親王時的照片。

此堡始建於一二八三年，兩年後完成。牠的設計及建築方式，有別於其他堡壘，給人印象深刻。因其建在海灣旁，遠遠望去，好像懸掛在海上一樣。那兒的停車場，就在海灣旁。我們駛入後，問停車管理員：「應停在那裡？」他幽默的答道：「任何地方都可，只是，不要停在海裡。」可知此堡是多麼的靠近海邊！這個圓形的堡壘，分國王的（King's），皇后的（Queen's），老鷹（Eagle），張伯蘭（Chamberlain），黑色（Black）等五座數層高的塔，幾乎每個塔內，都有個私用的教堂。其中的國王塔，是皇室居住的地方，也是國王問政處。

當時，此塔除了皇室人員，也有駐軍，用以抵禦外犯。現在，堡內有很多建築已被毀壞，外牆卻仍完整如昔，人們可從狹窄的石階，爬登城牆展望。堡內綠草如茵的廣場，是現今威爾斯親王策封典禮的禮堂。

雖然愛德華一世一心想使威爾斯英化，然而，頑強的威爾斯人，始終維護著自己的傳統文化。至今，已七百多年了，威爾斯人仍使用自己的語言文字。他們仍說威爾斯話，仍用威爾斯文，仍有威爾斯文的書，報，雜誌；當地的各種標誌，包括商標，路標，都是英文與威爾斯文並列的。

英國石陣〔Stonehenge〕之謎

英國很多地方，都有用石頭堆成的圓形的陣式，據說，那些大大小小的石陣，爲數近千，其中最大的，是在倫敦西南 Salisbury 北十哩，Amesbury 鎮外兩哩多的山坡上。

這座大石陣，分內外兩圈，外圈直徑約一〇五呎，由三十塊高十六呎，厚六至七呎，重約五十頓的巨石，相距四呎的豎立著排成一個圓圈。再用三十塊長十呎，寬三呎半，厚兩呎八吋的石塊，橫架在每兩個豎立者的頂端。這個外圈的六十個巨石，隨著年月的消失，只剩下三十二塊。其中十六塊豎立的，八塊仆倒地上，八塊仍豎立著。內圈距外圈約八—九呎寬，由數十個較小的石頭圍成，它們的數目，沒有定論，有人說四十，也有人說六十，其中最高的，大約六呎。圍繞石陣的，是一圈泥土地及寬約三十呎的壕溝。

英國的史前時期，是個部落分治的島嶼，與其隔海諸國，從無往來，直到公元前五十五年前，被羅馬大帝凱撒征服後，才與世界接觸。因而，他們的歷史，在那以前，沒有記載。自從此石陣於公元一千六百年左右被發現後，考古學家便想從這兒去追尋英國的史前歷史。四，五百年來，他們一直在那兒，挖掘，尋覓。

經多年的挖掘，研判，他們推測，那些巨石，是由西邊二四〇多哩威爾斯的山上運往的。在那個時代，對那些輕者四頓，重約五十頓的大石塊，是用何工具運去的？他們又是如何將那些大而重的石頭舉起，架在十六呎高的石頭上的？此陣建於何時？目的何在？這些疑問，四、五百年來，一直沒有獲得解答。

但是，有的考古學家認爲，英國的農耕社會，始於公元前四千多年，因此便說，可能始於農耕社會。他們從大石陣內圈挖出的一塊十六呎長，四呎寬，二十吋厚的，粗糙的藍色大理石後，有人認爲，那是神壇，是當時有錢也有權勢的人蓋的廟堂，也是埋葬他們的地方。因爲，在英國，廟堂兼墳場的遺風，一直留傳至今。他們歷代的國王及皇后，都葬在教堂裡。如在倫敦的 Westminster Abbey 及 Tower 內的 Chapel of St. Peter 都可看到他們的棺槨。

可是，當他們從石陣建築的方向，是依夏季的日出及冬季的日落而定，指示出夏至冬至的時間。因而，也有人認爲，那兒是用於是節慶的場所。

對上述說法，考古學家都不滿意，他們繼續的挖，繼續的尋。近幾年，他們已將研究的地域，從石陣所在地，擴展至其臨近的村鎮，及石頭來源地的威爾斯山上。

數年前，他們從附近村莊，挖出八棟房子，從殘垣斷壁，挖出的器物，很多吃了一半便拋棄的食物上，他們認爲，那兒是早期英國人的宗教中心，是他們在年終前舉辦大慶宴及宗教儀式，奉祀先人及舉行特別活動的場地，不是居民的社區。並從石陣周圍的溝渠裡，挖出一個紅色，用鹿角做的有勾的挑剔器，經放射性石碳化驗的結果，得知那是公元前二六三〇至三三七五年的東西，因而，他們認爲，那石陣始建於四五〇〇至五〇〇〇年前。

二〇〇八年中，他們又在溝裡挖出三具屍骨，檢測結果，第一具是公元前三〇三〇至二八八〇年的，第二具是公元前二九三〇至二八七〇年的，第三具是公元前二五七〇至二三四〇年的。並在其中一座墓裡，發現一隻用石頭做的權杖，這種權杖，一直是英國權勢者的象徵，現在英國的議院裡，仍有此物。因而，他們相信，石陣周圍一帶，可能是英國第一個皇帝埋葬之處。從各墓埋葬的式樣，及一些物品中，他們也認爲，葬在那裡的，可能都是皇室的人員或大臣。他們也研判出，那兒是在石陣豎立前五〇〇年開始用作墳場的。而且，那個統治英倫島嶼下半部的王室，權力很大，統治的時間也長，至少五百年，才能在那時期，令人將那些大石頭，遠從兩百多哩的威爾斯，搬到 Amesbury 鎮外兩哩多的山坡上去並架起。

古時，石頭代表神，地位、權勢。從上述各種說法，石陣應是曆法，墓地，廟宇，求神治療的的地方等。這些是否為最佳的答案，不得而知。不過，石陣不僅是英國奇特的紀念碑，也是現今著名的考察英國歷史的場地。

英國也有座長城——海厥安城牆（Hadrian's Wall）

無論古今中外，各地區的人，爲了擴充地盤，多用武力，強取豪奪的去併吞其鄰近的地區。爲了防禦外犯，便有人想到建築城堡，使敵人不易進入。我國自戰國時代起，燕，趙，秦三國，便在其北邊，建築城牆，防匈奴入侵。然後，其他各國，也紛紛築城，防鄰國進攻。接著，很多縣市，也築城牆，把土匪堵於城外。在這思維之下，我們中國便產生了一座現今傲視世上的萬里長城。

這座萬里長城，原非一道長城，而是到了秦朝時，始皇才把燕，趙，秦三國防匈奴的牆連接起來並增建後，才成爲長城。那時的城牆，西起臨洮（甘肅境內），東至遼東，目的是防堵北方的敵人。可是，到了宋朝，東北的遼，金開始入侵，那道牆，卻 防制不了東北的敵人。至元朝時，在蒙古人的統治下，他們不以長城爲重，未曾增修。直至明朝，再把長城視爲重要邊防，而大舉修築及延伸，使其西起嘉谷關（甘肅境內），東至山海關（今河北省臨榆縣），而成爲今日之長城，並號稱萬里長城。事實上，長城只五千餘里，並非萬里。當時，城上每隔三十六丈，設一堡壘，重兵守之，並有烽火台，敵人來時，日間放煙，夜間點火，召集遠近士兵，共同禦敵。

這座牆，建在險峻的山巒上，非常壯觀，令人嘆爲觀止。可是，兩千多年下來，由於未注重維護，天然的，或人爲的情況，使北京以北的牆垣，或淪爲村民遊玩的地方，或將其磚塊，用去築路或蓋房子，損壞不少。只有在北京附近的，尤其是「八達嶺」一帶，經整修後，成爲現今觀光長城的中心地。

我國人，早在公元前兩百多年，即想到築城防外犯，而西洋人，直至公元一百多年時，才想到築城堡防敵。那道城牆，在英國與蘇格蘭接壤處，是因羅馬大帝凱撒征服英格蘭後的一百多年間，雖然英格蘭及威爾斯，都在帝國的統治之下，然而，她們北部的蘇格蘭人，仍是帝國的化外之民，且不時過境騷擾，羅馬大帝雖常派兵攻打，卻未能征服他們。到了公元一二二年，海厥安大帝爲了鞏固邊界，曾親往英格蘭視察，當他到達那常被蘇格蘭人侵擾的地方時，看到那裡的地勢，居高臨下，認爲再築道堅而長的城牆，敵人便難以侵犯了。於是，他下令在與蘇格蘭交界的高山上，築長城，建堡壘，設炮台。

75 英國也有座長城

因而，一道東起現在的 Newcastle 市，西至 Carlisle 市，高十二至十五呎，厚二十呎，長七七哩，每隔一哩，有個碉堡及炮台，並設十七個崗位，由士兵駐守的石牆便豎起了。此牆於公元一二二年開始興建，一二八完成，因其爲 Hadrian 大帝之令而建，便命名爲海厥安牆〔Hadrian's Wall〕。以後的大帝，也曾修過，繼續駐軍防守，可是，到了公元三八八年，當時的大帝 Magnus Maximus Clemens 放棄駐守，此牆便逐漸毀壞。至今，這道牆，城堡皆毀，只留下不少殘垣斷壁。去那兒觀光，雖看不到完整的城牆，卻可行走於片段的牆垣上。在那兒的博物館內，也可瞭解該牆建造的情形及所用材料。

邱吉爾出生的房子——布蘭海姆宮

宮庭（palace），自古以來，是皇室居住的地方。然而，在英國牛津附近的 Woodstock 鎮，有座名布蘭海姆宮（Blenheim Palace）的主人，並非皇家族裔，只是一位作戰有功的將領——Marlborough〔馬爾巴儒〕公爵約翰。邱吉爾，英國故首相溫士頓。邱吉爾的曾曾曾……祖父。邱吉爾首相便是在這房子裡出生的。

馬爾巴儒公爵，公元一六六七年加入英軍，因戰功卓著，官至上校，後被封爲公爵。十八世紀初的西班牙戰爭，由馬爾巴儒公爵率領的英軍，在 Blenheim〔今德國南邊〕的一役中，以寡敵眾，獲得大勝，不僅使公爵成爲大英雄，也使英國的聲望大振。當時的安妮女王一高興，便決定在 Woodstock，皇室獵鹿的園地，建一宮廷，賞賜給他，感謝他對英國的貢獻。爲記念那輝煌的一役，便把它命名爲布蘭海姆宮。

當時的議會規定，這棟建築，只能邱吉爾家人居住，長子繼承，不能轉讓或出售。

因而，近三百多年來，一直是邱吉爾家人的住宅。首相溫士頓。邱吉爾的父親，是第七公爵的次子，因而，溫士頓是在這兒出生。他的成長期，常在這裡渡過；他向夫人求婚的地方，也是這兒。

第一公爵是軍人，並不富有，但是，他的遺產，卻能使他的後人，過得舒適。可是，傳至第五公爵時，因他的揮霍無度，花掉大量資產，使得後來的公爵，常周轉不靈。到了第七公爵時，更貧困得難以爲繼，他只好向議會請求，廢除原有的規定，但是，議會決定，他們可以出售室內物品，卻不能動房地產。自此，第一公爵所有貴重的，有記念性的物品，開始逐漸消失。到了第九公爵時，已至破產邊緣。可是，他的運氣不錯，在美國時，遇到鐵路大亨威廉。丸第爾拜爾特（William Vanderbilt）的女兒Consuelo，雖然她既富也美，他卻不愛她。可是，Consuelo 貪圖他的爵位，想做「公爵夫人」，便不顧一切的願意嫁給他。而公爵爲了解決他的困境，在威廉同意給他們兩百五十萬美元現金，五萬鐵路股票，至少四%鐵路公司的紅利及每年一萬元的終身俸後。他們終於一八九二年十一月在紐約結婚了。他真的不愛她，還在他們婚禮剛完，離開教堂的車上，坦誠的告訴她，他愛的是另一個女人。可是，爲了「公爵夫人」這個頭銜，她仍然跟他到了英國。

他們回到英國後，立即進行裝修工作，買新家具，新裝飾品，並雇用近百傭人，使Blenheim宮恢復了原來的氣概。可是，女主人雖有了這一切，她卻很不愉快，終於一九二一年，與公爵離婚，前往法國。離去之後，雖然她對這曾付出金錢及精力，使其死裡復活的，可恨的地方，即使不願見到，卻因她的兒子繼承了爵位，仍常回去。

此屋的建造，像中國的四合院，從第一層門向內望，可看到第二層的拱門。進入第一層高大的雙扇門後，是個很大的方形院子，可能爲了節省維護費，沒種花草，也沒鋪水泥，只鋪了一層沙石。穿過院子，進入正屋，才是觀光的起點。走廊上，陳列幾位半身羅馬大帝的雕像。那時，我才知道，羅馬大帝中，有一位是黑人。往右走去，進入展覽室，右邊牆上的數幅油畫，說明第一公爵獲得Blenheim一役大勝的原因，是他瞭解，要士兵有精力打仗，必需讓他們吃得飽，睡得好。因而，他準備了足夠的食糧，並讓士兵有足夠的休息時間，不讓他們疲憊的行軍，才能勝利在握。

展覽室的左邊，有隔成數間的模型屋，展示邱吉爾首相的歷程。從述說他在校不是高材生，改而從軍等一路走至最高峰，成爲首相的情形。

進入另一展覽室，是首相出生的房間，從這裡起，接著幾個房間，展示邱吉爾首相與家人的生活照片，他的畫作等。那些畫中，有些曾被美國的 Hallmark 公司，印成卡片銷售。他於一九五三年，送給當時美國參謀首長聯席會主席馬歇爾的一幅油畫，數年前，被馬歇爾的孫女拿出拍賣時，竟獲得六十一萬多英磅，由此可知，他的畫作的價值。

面對那些畫，我深覺這位偉人的偉大處，是他會掌握時間，能於日理萬機的餘暇，執筆畫畫及寫作，成爲一位有傑作的業餘畫家及作家。

他的著作很多，其中的巨著，是六大冊，每冊近七百頁的「第二次世界大戰（The Second World War）」及四冊，每冊四百餘頁的「說英語的人的歷史（A History of The English Speaking Peoples）」。

走出那些展覽室，進入一間又大又長的圖書室，那兒，曾是首位公爵陳列他的戰利品，名貴藝術品的的地方。現在，只有四壁裝滿了書的書櫃，那些書，看來很舊，也許是有價值的古籍吧！這屋裡最耀眼的，是一座比真人高大的安妮女王的塑像。公爵及其夫人 Sarah，原是女王最親近的朋友，爲建 Blenheim 宮，因 Sarah 的脾氣不好，意見也多，常使女王不悅。她倆於一七一一年大吵一架後，女王停止資援，公爵夫婦被迫流亡國外，直至一七一四年安妮死後回國，自掏腰包，繼續建造，於一七二三完成。雖然Sarah與安妮不歡而散，可是，為了記念她們的友誼，她還是決定在圖書室裡，豎立女王的塑像。

這宮廷的後面，還有個美麗的花園，除了花草樹木，小橋流水外，也有蝴蝶屋，釣魚池，天然礦泉水等。那兒，也像遊樂場，有小火車及迷宮。去這裡，需另買票進入。

現在Blenheim宮的主人，是第十一公爵，他與家人，每年都會在那兒住一陣子。然而，他們仍然缺錢，為了維護費用，只好開放，除供人遊覽外，也租給人舉行婚禮，辦各種活動。曾有九部電影，在那裡取景，包括「哈瑞．波特」在內。導遊談到屋主的情形時，很感慨的說：「他們很幸運，有這樣的產業，他們也不幸，沒有錢」。

這個地方，值得看看，可是，遊客不如別處多，不知是地位問題？或是宣傳不夠，少為人知？還是真如那導遊說的，他們不幸，沒（法）有錢」。希望他們能時來運轉，遊客如織，使他們有錢維護並美化這座世上惟一的，平民擁有的宮廷。

早期華人在美生活原貌的博物館與其原主

美國及加拿大較大的城市裡，都有個「中國博物館」，展示早期華人在當地工作及生活的情形。那些博物館，都是當地華人設立的，展出的資料，是他們設法收集的。然而，在美國俄瑞崗（Oregon）州東部的John Day市，一個名「Kam Wah Chung〔金華隆〕」的博物館，卻是由美國人推動及資助而產生的。這個博物館展示的，不是收集的東西，而是當年移民生活的原貌，是兩位早期移民，梁光榮〔Lung On〕與伍于念〔Ing Hay〕先生的遺物。

十九世紀中期，美國鐵路從東向西延伸時，西海岸各州，也發現了金礦，需大量勞工，爲他們築路與開礦。消息傳到中國後，廣東一帶貧困的民眾，便乘船渡海，到達舊金山，希望做勞工積些錢後，回故里安居。

他們在那兒工作不久，美國人認爲華人搶奪了他們的飯碗，開始排華。在排華進入高潮時，俄瑞崗東部的 Canyon 溪，也發現了金礦。這個消息，使大批原在舊金山的華人，紛紛北上，擁入 Canyon 鎮，使原來人稀地遠的小鎮，人口大增，不久，也使該鎮升級為市。據一八七九年的人口統計，當時那地區的華人，多達二四六八人，而當地的居民，只九六〇人，是那時的美國，華人多過白人僅有的地方。那些華人，都集居在同一地區，於是，中國貨的商店，中菜館，賭場等都應運而生，形成一個中國城。不幸一八八五年的一場火災，把中國城燒燬，市政府拒絕他們重建，他們便移往十餘哩外，在 Canyon 溪旁的小鎮 John Day，加入當地的華人，造成另一個中國城。人口增多，John Day 也隨著興盛起來，因為華人，當地政府還將一條主要的街道，取名「廣州街」。那些華人，除了極少的人經商外，其餘的，都是礦工。

梁光榮先生，廣東台山人，一八八二年去 John Day 的目的是採礦，抵達後，因他的語言能力，沒做礦工，卻被一家名「金華隆」的華工介紹所聘為會計。他是一位聰敏能幹，具商業頭腦的人，中英文都不錯，字也寫的很美，甚為洋人欣賞。據說，一家批發公司的經理，非常喜歡他的書法，特將他寫的一張訂貨單，用像框框起，掛在牆上。他長的不錯，為人四海，不少白女士們，都喜歡他，常邀請他去家裡做客。他很能入境隨俗，學會白人的生活方式，騎馬，開車，穿牛仔褲，與白人打成一片，使他們很佩服他。一八八七年，他與在那兒行醫的伍于念先生合夥，買下金華隆的房地產，設立「金華隆公司」，開店售賣中國食用品，供華人的需求；也賣美國的罐頭及香煙等，方便附近居民。並在裡面設診所，藥房，供華人看病，買藥；也設神壇，供礦工占卜求神。在美國禁止鴉片煙之前，也設煙床，讓礦工們過癮。

金華隆，也是他的辦公室，他在那裡從事代書及郵政代理業務，協助文盲礦工寫信，寄信；替轉業的人介紹工作，爲他們排難解紛，辦貸款手續等。這些業務，不僅使他成爲華人仰望的人，也使金華隆，是十九世紀末及二十世紀初華人必去之處。他們去那兒，除了辦事，有時也喝茶聊天，談家鄉的時事，使那兒成了華人的活動中心。

以後，礦產式微，華人漸少，梁先生見機行事，隨著時代走，除了繼續維持金華隆的各種事業外，也從事房地產及汽車代理商的生意。因而，積了不少錢。但是，他的錢，據說都匯給在家鄉的女兒，自己卻很儉樸，仍住在金華隆的一個小房間裡，直到一九四○年去世爲止，享年六十八歲。

伍于念先生，也是廣東台山人，是中醫師，善治血毒，發炎及婦科病症等。治病時，把脈很準，不僅知病情，還能說出病人的病歷。一次，一位白人太太去看病，他把脈後問那太太：「你有五個孩子，是嗎？」「沒有，我只有四個孩子。」他不信，再仔細的驗脈後，仍肯定的說：「你生了五個孩子。」那太太才說：「我的確生了五個孩子，可是，有一個夭折了，現在只有四個。」另一次，一農莊主人的兒子患了血毒病，西醫治不好，病情日趨惡化時，有人建議他找伍醫師看看，那心急如焚的父親，便把伍醫師請到莊上。他診斷後對那莊主說：「如果你信任我，讓我照我的方法去做，你們不要干擾，才能治好你的兒子。」那莊主同意了，他便留在莊上，日夜不分的察看孩子的病情，隨時予以治療。六天後，孩子的病情轉好，終於康復。他精確的醫術，使他成了傳奇人物，名醫。他的聲望，不僅傳遍俄瑞崗，還揚名加州及愛達荷州，甚至有人遠從那些地方，去John Day請他治病的。他的草藥，雖令白人稱奇，醫療效果卻佳，使很多白人，都捨西醫而去看他。

他於一八八七年到達John Day，結識梁先生後，兩人合夥，購買房地產，設立「金華隆公司」，共同經營。他與梁先生的友誼，持續五十三年之久，是相依為命的好朋友。他不會開車，英語也不好，外出治病時，都由梁先生相陪。梁先生去世後，他非常悲痛，變的很消極，治病遠不如昔，視力也越來越差，金華隆的事業，便交給他一個也是中醫的外甥 Bob Wah 管理。一九四八年，他已失明，又摔了一跤，坐骨跌破，外甥把他送到波特蘭就醫，出院後，即住進老人院，至一九五二年秋，他八十九歲時，與世長辭。

他去世時，只留下數千元的現金，可是，在他的遺物中，卻發現兩萬多元未兌現的支票。他的外甥說：「他曾問過，爲何不去兌現？」回答是：「他們都是好人，他們需要錢，我不需要，我也不要他們的錢。」由此可知，他多麼仁慈！多麼慷慨！

加州柏克萊大學的教授 Jeffrey Barlow，對亞裔移民的事特別感興趣，當他得知 John Day 華人移民的故事後，特與夫人前往那兒訪問，回去後，夫婦倆合作，寫了一本名「China Doctor of John Day（John Day 的中國醫生）」的書。書中，他述說梁，伍兩位先生對 John Day 的貢獻與影響。他說，在他查看資料，並訪問很多當地的人士後，驚奇的發現，那兒是當年美國人與華人關係最融洽的地方。並說，即使現在，那兒的華人都說，他們沒有被歧視的感受。他表示，那兒的白人能接受華人，可能與他們對梁，伍兩人的敬重及華人的勤勞有關。他認爲，John Day 的興起，白人與華人，有同等的貢獻。

伍先生去世後，金華隆隨著息業，由鐵將軍把守緊閉的大門。一九五五年，Bob Wah

將那棟房子捐給市政府後，仍由鐵將軍把守，直到一九六七年，市政府計劃將那地區闢為公園時，才被發現，那是政府的產業。次年，市議員 Gordon Glass 為好奇心趨使，決定進入察看時，驚訝的發現，那陳舊不大的房子，竟是藏寶處。

屋裡當年雜貨店剩下的貨物，中藥店堆積的藥材，藥瓶，日用品，家具等，都原模原樣的留在各處。其中一些式樣各異的小瓷藥瓶，Glass 先生說牠們是「無價之寶」的古董，是現在美國，甚至中國都難找到的原製品。除此之外，還有四百多件中文文件，包括礦工們未看到與未寄出的信，帳簿，收據，書籍及他們捐款給中興會，孫中山先生寄回的收條等。也有一份一九三六年俄瑞崗的英文報，報導梁先生對 John Day 的貢獻，贊揚他是那兒最值得敬佩的人。一個鐵箱子裡，儲有很多皮蛋；樓上一個房間的地板下，有七十二瓶一九一二年至一九一八年的威士忌。最使他們驚奇的，是發現大量八十年代末及九〇年代初的東西——鴉片煙及煙槍。

對這些發現，Glass 先生認為，應善為保存，更應把那房子，變成博物館，供人觀賞，使人看到早期華人生活的真實情景。有了這想法，他開始遊說政府，史蹟基金會等機構，請他們資助。經他多年的奔走，終於獲得史蹟基金會及 John Day 市政府撥款，讓他開始籌備。

首先，Glass 先生請波特蘭大學的研究生陳健林〔Chian-lin Chen 的譯音〕先生，將所有中文文件，都譯爲英文。接著帶人進行清掃及整理的工作，將「無價之寶」的藥瓶，違禁品鴉片煙及煙槍等，儲存於安全的地方；把所有東西擦洗乾淨後放回原處；修理屋內，油漆室外。經 Glass 先生十年的辛勞，終於使早年的「金華隆公司」，於一九七七年六月，變成了現在的「Jam Wah Chung〔金華隆〕博物館」，開放供人參觀。那棟房子，也成爲登記有案的史蹟。

那棟兩層的房子，是當時廣東南部農村房舍的形式，座落於 John Day 的廣州街上，不大，窗戶少也小，大門很重，還加了一層鐵皮。進入大門，迎面看到的，是個雜貨店，中國食用品，美國罐頭，香煙，鞭炮，飲料，糖果，都原模原樣的放在各處。貨物的後面，有個神壇，神像，香爐，燭台，籤筒，各種祭品，一應具全。還有個熊掌，放在木盒裡。雜貨店旁的儲藏室，堆了不少紙箱。

雜貨店的前面，是個小小的廳堂，設一櫃台，爲管理員接待觀光客的地方。

廳堂左側，爲伍醫師的寢室，很簡陋，除了一張小單人床，沒有別的家具。衣服掛在牆上，幾雙鞋子，放在床前地上，一個箱子，放在床邊。這些東西，可能就是他全部的家當了。

廳堂右邊的牆上，掛著一份印有蔣委員長相片的月曆，月曆旁邊是藥房，很小，不到兩個榻榻米大，裡面數層的架子上，有數百種註有中文名字的藥材。從藥房旁進入另一個房間，是臥房，廚房，兼餐廳。房內的右邊，有上下鋪的床位，左邊有燒飯爐灶及餐桌。所有廚具，有的掛在牆上，有的放在爐灶或被掛在壁架上。

往美、加各地的中國博物館參觀，雖可看到早期華人在各處工作及生活的照片及資料，去這個博物館看到的，卻是原物原景，沒有特意收集的東西及資料，如想體會早期華人在美的實際生活情景，也許只有去「金華隆博物館」了。

少離家鄉老大返

一九九六年，與半世紀音訊渺無，散居各處的兒時玩伴，小時的同窗好友取得聯繫後，在與她們的魚雁往返中，大家都說，希望有聚晤的機會。那時，正好在一本旅遊雜誌上，讀到一篇報導湖南張家界國家公園的文章，說那兒很美，值得一遊。

張家界，在湖南西部，離我的家鄉永綏（現名花垣）不遠，僅數百里。於是，我建議，大家選定時間，先相聚於張家界，由我請他們同遊國家公園後，再一起回鄉探親。幾經商討後，六個別離時，青春年少的女生，已成兩鬢皆白的老婦，決定於一九九七年九月十二日，紛自各地，前往張家界相會。外子與我，從美國先飛到台北，再與舍弟及弟妹，一起飛往張家界，與大家會晤。與她們雖隔離半世紀，見了面，情誼依然，聊得興奮時，有如當年。她們在大陸，都歷經艱辛，各有一些悲傷的故事。那晚，在旅館裡，我們傾聽她們的故事，直到深夜。

次日，我們一行十人，自組一個旅行團，由當地的旅行社，派了一位導遊，帶我們進入公園，並安排食宿及觀光事務。那公園很大，我們東邊進，西邊出的在裡面住了三夜，玩了四天。

園裡的山岩，有的依其形貌，都取了名字。其中兩個並列的岩石，頂端像兩個人，一男一女，兩人都有清晰的眼，鼻，嘴，耳等，似在微笑，維妙維肖，便被稱爲夫妻岩。園裡還有個很大的鐘乳石洞，名黃龍洞。洞裡有條河，還有山坡，我們船遊近二十分鐘後，還得翻越幾個山坡地，走兩個多鐘頭，才走出那個既深亦高的山洞。

那公園的風景很美，發現那兒的畫家說：「桂林山水甲天下，張家界山水甲桂林」。的確，那兒美極了。在未去那公園之前，我對國畫中的山水，總以爲是畫家們想像出的，及至看到張家界的景致後，才知我國的山水，真如國畫中的山水。

那公園雖美，可是，我們去時，因開發不久，園內的各種設施都落後，尙未開放給國外人士觀光，只讓國內人民進入。我們住的第一家旅館，位於美麗的山麓，外表不錯，有點像西安的華清池，可是，裡面的設備，不夠水準，也缺乏維護。水管壞了，油漆斑剝，都未加修理。另一家的裝設夠標準了，可是缺水，只晚上供應，次日清晨七時便沒水用了。

現在，已十多年過去了，那兒早已開放，供中外人士觀光，想一切已獲改善。

從山上回到張家界市區後，我們雇了一輛汽車，駛向回鄉的路途。大家在車上，與高采烈的聊天，唱過去常唱的歌，竟忘了大家都不再年輕了。這一程，遺憾的是在半路上，遇到一場大車禍，阻擋了兩頭的去路。大家在車上等了一個多鐘頭，仍不見處理車禍的人。在不知何時才能通車時，我們的司機，靈機一動，走到對方，與一輛要來我們這邊的車主談妥，雙方交換乘客，各走回頭路，才使我們能繼續前進。交換的車，雖不如原來的好，能繼續前進，我們都覺得很幸運了。當時，夜已深，在山區行走，雖耽心，卻平安的抵達我常常思念的故鄉——花垣。

回抵家鄉的那天，正好是中秋節，我們雖因交通被阻而到達的很晚，宗雁的女兒已準備了一桌佳餚等著，使我們感受到過節的溫情，也是我半世紀來首次在家鄉過中秋節。故鄉的中秋夜，月圓如昔，可是，我的家人，卻未能圓。家人早已失散，無人居住那兒；回去的目的是掃墓，可是，雙親的墳墓已無法尋覓；再者，是想重溫昔日的情景。可是，家鄉變了，花垣已非昔日的永綏了。過去的青山綠水，變成了禿山渾水；昔日寬而直的大街，變成了窄而彎的小巷。原因是大街兩邊新建的房子，各向街中擴展數尺，使得大街變窄了。這種不進反退的情景，使我不解，也使我難道。

二、時事時人

太平洋上的直布羅陀
琉球昨日與今日

讀自由談雜誌社贈書「浮生六記」中的「中山記歷」後，觸動了我研究琉球的興趣。復感於鈕先銘先生對琉球的剖析，特撰此文，將筆者僑居琉球五年的見聞與感想，告諸國內同胞。

昔日荒島今日重鎮

琉球爲一列島，由沖繩，宮古及八重山三大羣島所組成，位於臺灣與日本之間，係我國大陸綿延的山脈，陸沉後露出水面的山峰而形成，爲太平洋與中國東海的分界線，是今日遠東最具戰略價值的基地之一，有太平洋砥柱之稱。總面積八四七點九平方哩，人口九十餘萬。大小八十三島中，有居民的僅四十餘島，其中以沖繩面積最大，人口最多，地位最爲重要。沈復先生浮生六記中的琉球，係指冲繩而言。目前我們一般人所謂之琉球，亦多爲冲繩。

冲繩狹長，面積五四四點四平方哩，人口七十八萬多，南北長六十七哩，東西最寬處十八哩，最狹處僅二哩。北部多山，崎嶇險峻，百分之八十爲無人地帶；南部較平坦，人煙稠密。一九四五年美軍進攻冲繩，與日軍激戰近三月，整個冲繩，均遭池魚之殃，因而，戰爭結束初期，冲繩正是沈復先生筆下的「頹垣宮闕全無瓦，荒草牛羊似破村」。

美軍攻克琉球後，即由美國設立軍政府治理，二十餘年來，琉球，特別是冲繩，在美國協助下，不再是一羣貧荒小島，而是遠東最安定，最繁榮的地區之一了。

列國並存終合為一

琉球歷史，始於我國隋朝時期，其史前時期究竟有若干年，無從稽考。不過，據說在兩千年前，琉球尚爲無人島，後被海盜發現，據爲出沒之所。那些海盜，有朝鮮人，有馬來亞人，也有葡萄牙人，他們在獲得安身之所後，即前往中國沿海，擄掠婦女回來，成家立業，建立村落。當初，那些不同國籍的人，各據一方，互不知悉，後來，他們逐漸相互發現，彼此往來，互通婚姻，於是，村莊發展爲部落，部落推廣爲國家。據琉球王譜「中山世鑑」記載，古時琉球，有小國十餘，各自爲政，互不侵犯，直至一一八七年，舜天王擊敗各國後，琉球始歸統一。然而，不久又分而爲三，成中山，南山及北山三王國，鼎足而立。一四一六年，中山王尚思紹首滅北山王，復於一四二九年滅南山王國，琉球復歸統一，由尚氏王世襲統治，迄一八七九年日本佔據琉球爲止。

與我國關係始自隋朝

「琉球之名」，據琉球歷史記載，係源自我國。據說，隋煬帝時，我國遣羽騎尉朱寬來琉，朱寬見琉球地形，如虬龍浮水，因名流虬。隋書記爲留求，明太祖改琉球後，即沿用至今。

煬帝時，我國雖數度征琉球，除殺其王，獲俘虜以歸外，未與建立任何關係。直至明成祖時（一三七二年），中山王位被宰相察度所篡，察度恐其王位不保，始應我國之招，遣其弟攜帶硫磺，馬匹等往我國表臣服之意。我國除以絲綢，陶瓷器等作復禮外，並邀琉人往我國留學。琉王便選貴族青年十名往我國求學，我國亦派福建人三十六姓來琉，教琉球人中國文字，哲學，藝術，造船及航海等知識。自此，中山王國，朝氣蓬勃，呈現一片興盛氣象。南山及北山王有鑑於此，亦起而效之，於一三八三年相繼往我國朝貢，向我國學習。從此，琉球全成爲我國藩屬，各王每年往我國朝貢，每當新王即位時，我國皆遣使來琉，主持冊封禮。

琉球無文字，自與我國文化接觸後，民智漸開，對內積極從事建設，對外發展遠洋貿易，尤其是統一後的琉球，在尙真王的英明領導下，國強民富，是琉球的黃金時代。

日本藉口強予侵佔

十六世紀末，日本與韓國作戰時，曾向琉球求援，琉王未予理會，日本憤而於一六〇九年舉兵侵琉，將琉王強封爲其藩王，每年向琉王索取財物。當時，我國對此，竟毫不知情，以致琉王除按時向我國朝貢外，還得應付日本的苛求，因而使日益興盛的琉球，復歸於貧窮，而琉球的黃金時代，亦就此結束。

日本自明治維新後，更是野心勃勃，在其大陸進取政策下，琉球便爲其蠶食的第一目標。一八七一年，琉人數名，在臺灣爲生蕃所殺，日本竟以琉球統治者的地位，藉生蕃殺琉人爲名，遣使向清廷交涉。清廷昧於外交大勢，不但不以琉球爲我國屬地，日本無權過問相駁斥，反向日本說：「生蕃爲化外之民，未便治理」。日本認清廷可欺，遂以討生蕃爲藉口，進兵臺東，清廷未抗議，反給日本卹銀五十兩息其事。清廷如此昏庸，使琉球不啻爲日本屬地。

一八七九年，日本又進兵琉球，挾琉王尙泰的兩個兒子赴東京，並勒令尙泰及其朝臣眷屬等遷往東京。尙泰向清廷求援，清廷以因循息事爲務，未採取行動。尙泰無奈，只得攜眷屬臣子等百餘人往東京。自此，琉球王朝消失，日本將琉球改爲冲繩縣，由日人統治，並實施日化政策，除各學校教日文外，更強令琉人說日語，改用日本姓名等。

日本統治琉球六十六年，除橫征暴歛，予取予求外，毫無建樹，故當時冲繩爲日本最貧苦的一縣。

尋蹤覓跡觀今談古

讀浮生六記「中山記歷」後，筆者曾懷著尋古幽情，前往我曾參觀數次的首里博物館，想尋覓些沈復先生筆下的琉球景物。很僥倖的，在入口處，一幅製於一百五十年前的八摺小屏風上，我清晰的看到了昔日那霸，首里王宮，及護國，崇元等寺的全景。沈復先生對首里宮描寫的很細緻，也很逼真。該宮建於琉球黃金時代（一五五四年），宮廷入口處，有牌坊名「首里門」，一五七九年，我國冊封使來琉時，攜來御賜「守禮之邦」匾額一幀，琉王將該匾懸於首里門上，易名爲「守禮門」。一九四五年美軍攻冲繩時，首里宮整個被炮火摧毀得蕩然無存，唯有這「守禮門」及其前端的一堵城門，屹立無恙。

如今，聳立在首里宮舊址上的，是琉球大學的高樓大廈。在那些新建築物中，除了後人豎立的一，二塊碑石，說明該地原爲何物外，首里舊宮，已無跡可尋。站在可以俯瞰那霸市的王宮舊址上，想着博物館中那幅屏風上的王宮全景，不禁令人興「白雲蒼狗」之嘆！

如前所述，古琉球分十餘國，各國王宮，如今有跡可尋的，只有北部的今歸仁宮及宜野灣境內的中城宮。

今歸仁宮爲北山王建於六百多年前，爲戰後唯一較完整的故宮。今歸仁的居民說，該宮有鬼，常有人於夜闌人靜後，聽到甲冑的磨擦聲及馳騁的馬蹄聲。他們說，是北山王及其僚屬出征的聲音。今歸仁，地處人煙稀少的北部，與美軍駐地遠離，今歸仁宮雖爲戰後較完整的舊宮，反不如僅有城垣數堵的中城宮之爲人所知。

中城宮面臨太平洋，地高勢險，爲護佐丸公建於五百餘年前。後來護佐丸公爲奸臣阿麻和利所害，未幾，該宮亦爲阿麻和利焚燬。自該宮毀後，一直未復修，今尚殘存者，僅城垣數堵，城門及石階數處而已。該地現稱中城公園，設有簡陋的動物園及兒童遊樂場。除此之外，既無精美建築物，亦無名花異草，但見殘垣破瓦，滿目荒涼。雖美其名曰公園，卻毫無公園氣氛。

據說，戰前琉球寺廟，爲數甚多，後多毀於戰火。其中唯一未爲戰火所毀者，是金武境內的觀音寺。至於過去各寺廟所用的鐘，如今倒有十餘口，存於首里博物館內。

首里博物館，房屋狹小，陳列品不多，然在那爲數不多的物品中，卻有不少中國文物。在那裡，我們可以看到用中文寫的王譜「中山世鑑」，中文匾額，關羽像，北平駐琉通使鄭和橋家居生活畫，道光花瓶，同治玻璃碗，及百餘年前之中國瓦罐等，說明了早年琉球文化與我國的關係。

琉球大學圖書館內，有一部三大巨冊的「華夷變態」，內容係琉球與外國接觸的沿革及其與外界貿易關係等，該書詳載有我國與琉球交往情形，並附有明清兩朝往來於我國與琉球之間的中文公文，據說，其中有許多文件，我國早已失傳。

滄海桑田古風猶存

琉球為日本統治六十餘年，在積極的日化政策下，琉球人的生活習慣，多襲日本，但有些風俗，仍保留古風。

琉球住宅的屋頂，及一些建築物的入口處，大都設有用陶土燒製的獅子，以示避凶趨吉之意。據說，很多年以前，一位赴中國使者回國時，帶了一個小巧的石雕獅子給國王，國王很喜愛這石獅，隨時帶在身邊，整日把玩，甚至連他出巡時，也不例外。有一次，當他出巡到真玉橋村時，該村的人正為海龍之患困擾。村人說，該村前面的海灣裡，有一條深籃色的大海龍，平時靜伏不動，但當其餓時，即出水登岸，吞食該村所有的禽獸。每當此時，全村的婦女兒童都逃到附近的山上去，男人則各持利器，鎮守灣口，與海龍搏鬥。那次，國王駕臨時，海龍正蠢蠢欲動，全村婦女兒童正紛紛奔逃，男子們也正忙於應戰。只有一老嫗，在大家忙亂的時候，未隨大家逃走，卻獨自跑到國王面前，跪着對國王說：「陛下，求求您，請您救救我們。我相信，只要您用您手中的石獅，向海龍一指，我們全村就會得救。」國王聽了老嫗的話，驚異萬狀，但他仍答應了老嫗的懇求，依照她的話，舉起手中石獅，指向海龍，突然，石獅發出一聲怒吼，並引起一陣颶風，向海龍掃去，接着，天上也降下無數巨石，像雨點般打在海龍身上，打得海龍逐漸下沉，最後，只剩下一個僵硬的頭部，露出水面，看起來像一座小島。

從此，真玉橋不再有海龍爲患，國王更珍愛那石獅，不僅用作他自己的護身符，並下令尋人大量仿製，售與百姓，裝置屋頂或入口處，以保平安。

琉球節日，多像我國，有新年，端陽，中元，中秋，甚至春分，立秋，立冬等。現在，琉人都過陽曆年，城市比鄉村熱鬧；而陰曆年則是鄉村比城市隆重。不論陽曆或陰曆新年，琉球人都用稻草編結成龍，上綴橘子數枚，懸於門首。也有人將草龍掛在汽車前端。元旦日，年青婦女都穿鮮艷和服，三三倆倆，蕩漾街頭，別有一番風味。琉球人重視中元節遠甚於新年，他們稱爲中元節爲「盆節」，每逢盆節，大小商品，公私機構，皆休假三天，熱烈慶祝。

琉球的盆節是由我國傳入，幾百年來，他們的慶祝方式，一直沒有改變。琉球人慶祝盆節儀式分三天進行。第一天（陰曆七月十三日）爲迎鬼日，這一天，家家前往祖先墓地，焚香祭拜，並於薄暮時，懸白紙燈籠於墳頭，爲死者照路，使其靈魂能安然回家。同時，每家門前，設有香案，以示歡迎。此後三天內，全家的人，要儘可能的留在家裡，以便與祖宗的靈魂相聚一堂。第二天是贈禮日，這一天，大家紛紛以食物或衣物，互贈親友。這是盆節最重要的一個節目，很多人終年省吃儉用，就爲了積錢買盆節的禮物。第三天是送鬼日。這一天，家家在門前設祭台，供上瓜果，蔬菜（不供魚肉），有些人還供上甘蔗兩枝，作爲祖先歸去時行路的手仗；有些人則認爲，他們的祖先會騎牛馬而去，因而，他們不供甘蔗，卻供上用茄子做成的牛，或用瓜做成的馬。這天晚上，各村莊跳舞演戲，通宵達旦，盡情狂歡。

一些年青少女，每於盆節來臨前數週，即勤練歌舞，準備競賽。這種比賽，有時以村爲單位，各自舉行；有時則聯合許多村莊，共同舉行。去年，在胡差市，曾有一次規模宏大的比賽，參加競賽者有十餘村莊，共一千多人，而觀眾曾多達三萬，蔚爲壯觀。

琉球舞蹈的音樂，通常由一，二老嫗，一邊拉琴（類似我國胡琴），一邊高唱，年青少女則合着節拍，舞之蹈之。而且，各種舞蹈所用的音樂，其腔調多相類似。

琉球的婚姻制度，類似我國，昔日皆由父母決定，現在多由自己選擇。有些地方，還通行試婚制，先同居，然後決定離合。合責補行婚禮，不合則分道揚鑣。因此，我曾看到過父母的結婚禮與兒子生日宴合併舉行的怪事。

今日琉球安定繁榮

琉球自一九四五年爲美軍佔領後，最初幾年。由美國設軍政府，全權處理琉球的一切政治措施。一九五二年，琉球政府成立，原來的軍政府改爲民政府，美軍只站在顧問的地位，協助民政府，處理一切政務。琉球政府，在其主席的領導下，得行使行政，立法及司法諸權。

琉球政府成立後，政黨亦隨著紛紛產生。現在琉球的政黨，計有自由民主黨，社會民眾黨，人民黨，日本社會黨冲繩支部，及琉球國民黨等。自由民主黨爲執政黨；社會民眾黨爲議會少數黨；人民黨在議會只有一席；日本社會黨冲繩支部及琉球國民黨均無議席。就各黨政綱來說，自由民主黨親美；社會民眾黨及日本社會黨冲繩支部左傾；人民黨即琉球共產黨，與中共及日共通聲息；琉球國民黨親華也親美，主張琉球獨立但無勢力。上述諸黨中，除琉球國民黨外，不論其親美也好，左傾也好，甚至連共產黨在內，都主張琉球應「歸返日本」。

難道琉球人真的願意歸返日本，再由日本人來統治嗎？琉球人，甚至那些高喊「復歸祖國（日本）」的政客們，都明白得很，琉球能有今日的安定繁榮，全得力於美軍的協助，及駐琉美人的大量消費。琉球絕大多數的人，直接間接的，都依賴美國人生活。如果美軍一但撤出，不僅會造成大批琉球人的失業，且將導致琉球經濟的總崩潰。因而，我們知道，琉球人的「復歸祖國」的口號，不是由他們內心喊出來的，只是各政黨的政治藉口而已。

琉共是倡導「復歸祖國」最力者。然而，去年八月，當日本首相佐藤訪琉時，他們不但未對「祖國首相」表崇高之敬意，反而藉口包圍佐藤的旅邸，逼得他不得不逃往美軍招待所，借宿一宵。

戰後二十餘年來，琉球在美國的協助下，不僅建立了一個自由民主的琉球政府，更重要的，是美國人幫助了琉球經濟的繁榮。尤其是七年前，琉幣改爲美金後，更提高了琉球人的生活水準。現在，此間的新式建築，有如雨後春筍，處處突起；私用汽車，電冰箱，電視機，普及市場小販；窮鄉僻壤，有油漆鮮豔的洋房；各個城市，車水馬龍，熙來攘往。隨着美軍的散佈，琉球有四通八達的高級公路，還有一些新興的城市。尤其是沖繩島，百分之三十的土地爲美軍租用，闢爲基地及眷區，洋房林立，綠草如茵，各式車輛，絡繹於途，使初履此地的人，有置身美國之感。

這兒美國人的活動範圍，多半在美軍基地內。每個基地，都有設備完善的圖書館，俱樂部，電影院，餐館，游泳池，保齡球館，體育館及各種球場，廣播電台，電視台等，樣樣都有。也有供求無缺的超級食物店，百貨店。因此，美國人的食，衣，住，行及娛樂等，均可得之於美軍基地內。每個軍區，都圍以鐵絲籬笆，各出入口，都有警衛，出入軍區，得出示美軍發給的卡片或證明文件。

大好市場宜於爭取

琉球多山，土質貧瘠，不宜耕種。其礦藏量少且質差，缺乏開發價值。產品僅甘蔗，蕃薯及鳳梨。所以，琉球人的糧食，日用品，機械，建築材料，紡織品，煙草，水果，蔬菜等等，皆仰賴於進口。據統計，一九六四年琉球的進口數額，曾高達美金一九八五二八〇〇〇萬元。其進口物品，日貨最多，佔總進口額百分之七十。我國對琉球的貿易額，僅佔其總額的百分之四，與日本相較，相差甚遠。

琉球位於臺灣與日本之間，沖繩到基隆的距離，等於沖繩到日本九州的距離；而沖繩到東京的里程，則有沖繩到台北的兩倍多，就地理位置說，臺灣與琉球毗鄰，最便於發展貿易關係的；就供求上說，我國對外貿易的物品，多為琉球人需要的物資。近幾年來，我國對琉貿易，雖年有增加，但與日本相比，實不足掛齒。在臺灣積極發展對外貿易的今日，琉球當是個很理想的市場，如果我國主管對外貿易機構，能設法多爭取對琉球的貿易，不但可增加我國的對外匯額，且有助於促進中琉關係。如此，無論對我國或對琉球，均有莫大利益。

一九六六年十月發表於自由談雜誌第十七卷第一期

註：筆者於九〇年代初再參觀琉球博物館時，它已從狹小的平房，遷至寬大的洋房。很遺憾，它的內容變了。原有的中文王譜「中山世鑑」，已變成日文的了，其他原在舊址展示的中國文物，都消失了。

無限隱憂話琉球

第二次世界大戰之前，琉球是日本的冲繩縣。二次世界大戰末期，經過爲期約兩月的激烈的爭奪戰之後，美軍從日本手中，奪取了琉球群島。自此，琉球即被美軍治理，先設立軍政府，後改爲民政府，由駐琉美軍最高司令官員負監督之責，爲期共二十七年，直至一九七二年五月十五日，在美日兩國的安排下，復歸日本，再成爲日本之冲繩縣。

今年五月十五日，是琉球復歸日本十週年紀念日，如照當年大家熱中於復歸的情形論，該是個值得紀念的日子。可是，當天出現於冲繩島上的，卻是一幅錯綜複雜，極其矛盾的畫面。

那天上午，官方在那霸市民館內舉行慶祝大會時，不少日本政要，包括當年促成此事之佐藤首相的遺孀佐藤夫人，都遠從東京趕來參加。可是，一些激烈的左派份子，卻在會場外示威。使得慶祝大會，在警備森嚴下進行。同時，有兩股爲數約四百人的反戰和平運動者，各按路途的遠近，從九日開始，即分別自沖繩最北端的邊戶岬，及最南端的豐見城村，徒步向那霸進發，與另一股遠自日本而來的群眾，於是日上午匯合後，共同前往那霸小錄，日本自衛隊營房前示威抗議。

那天下午，官方在那霸市國際通，進行熱烈的遊行慶祝活動。可是，由各政黨，協會，婦女，青年及反戰地主（將地租給美軍做基地想將地收回而不能者）等二十八個團體，爲數約兩萬五千人，也在那霸，聚集於市民會館左側之與意儀公園內，舉行縣民大會，批評縣政，攻擊縣長，並議決以反戰爭，反核武器，反軍事基地等，作爲他們今後奮鬥的目標。

這些聲勢浩大的人群，在復歸紀念日舉行示威，是他們反對復歸嗎？不是。當年倡議復歸最激烈者，是左派份子。而那群人中，左派份子不少，非常可能的，當年倡議或附和復歸者，也是那許多群眾的一部分。據最近民意測驗的結果顯示，百分之六十二的人贊成復歸之事。所以，那些人的行爲，除了與琉球的歷史背景有不可分的關係外，也有節外的複雜因素如下：

仇視美人憎恨戰爭

美軍治理 琉球期間，美國人對琉球人，在我們第三者的立場看去，覺得不錯。可是，一般琉球人，卻認爲美國人處處欺壓他們。部份美國人的優越感，及美國對外國人同工不同酬，且待遇相差懸殊的政策，是造成琉球人反感的主要因素。因而，不少琉球人，或出於真心，或潛意識使然，都或多或少的對美國人懷有敵意。

當復歸之議興起時，琉球人以爲一旦琉球屬於日本，美軍會全部撤走，琉球可成爲一個沒有軍事基地的地方，不會再受到戰爭的禍害。卻沒想到，一九五一年訂立的，美日安全條約中，明文規定，美國有權繼續駐軍琉球群島。日本認爲，依據這個條約，允美軍繼續駐在琉球，會使琉球人不滿，乃發出廢棄該條約的呼聲，要美軍撤走，可是，沒有作用。

琉球人爲何反對軍事基地？是驚弓之鳥心理使然。因爲二次世界大戰時，琉球是日本的重要軍事基地，因而，當時美國採取了佔據琉球，以瓦解日本的策略。一九四五年四月至六月的攻琉之戰，打得非常激烈，不僅美日雙方的士兵，死亡甚眾，不少琉球民眾，也因而喪生。尤其是那霸及一些村落的房舍，在雙方的炮火下，幾乎夷爲平地。因此，琉球人多厭惡戰爭，反對將琉球繼續用作軍事地。爲了達到這個目的，美軍機場附近的居民，抗議飛機聲吵鬧他們；軍事演習場鄰近的人家說，槍炮聲騷擾他們，並危害他們的安全；軍事用地的反戰地主，鬧著要將出租之地收回。類此情形，一年數起，甚至有訴諸法庭者。

他們怕美軍的軍備擴張，時時注意美軍的行動。尤其是八二年基地環繞機場的地方，每天有人拿著照相機，攝取飛機進出的照片，查看是否有新式飛機飛來，並統計每日飛機進出的次數，用以作爲攻擊基地存在的資料。據他們說，美軍在擴充，而且，也發現 F-15 型的飛機進入該基地。他們也懷疑美軍有核子武器（美軍方曾否認），嚷著要將它們運走，免得琉球遭受核子污染。

從這些跡象看來，是全琉球人都反對基地的存在嗎？據美軍星條報五月十六日的報導，他們從公共關係室得到的資料顯示，在最近一次報界舉行的民意測驗顯示，接受測驗者中，百分之八十六的人說，基地應該存在，卻需縮小。事實上，復歸以後，不少基地已經返給琉人了，包括很大的那霸空軍基地。目前，美軍基地的用地，僅佔全島土地面積的百分之十一。

舊恨新愁引起不滿

戰前日本統治琉球時，日本人對琉球人，有如主僕，視琉球人爲次等公民。當時，冲繩是日本最窮的一縣，在物質條件上，琉球人遠不如日本人。復歸以後，在身份上，從表面看來，無法察其差異；在經濟條件上，也大爲提高。然而，冲繩人的收入，仍是全日本最低者。加之物價向日本看齊，節節上漲，使低收入者有入不敷出之感。據統計，復歸至今，水，電，煤氣等，都漲了兩倍多，米三倍多，醫療費四倍，交通費五倍，娛樂費五倍，學費十一倍多。而勞工階級的收入，卻增加不到兩倍。目前，冲繩人的收入，只有全日本國民平均收入的百分之六十八，與日本人仍相差一大截。加之自從復歸之後，日本的大企業，大建築公司，紛紛湧進琉球。處處興起的百貨公司，逼使不少小本商店歇業。各大建築工程，都被日本建築商攬走，琉球人的小建築公司，只能做修補等小工作。而且，日本人對琉球人的技能缺乏信心，工人也從日本雇來，使琉球人減少了就業機會。因而，目前琉球的失業率，是日本最高的一縣，比日本各縣高三倍多。

戰前，冲繩是日本各縣之殿軍。現在，復歸已十年了，冲繩仍然無法與日本人看齊，這是他們心理上的一個大結。因而，在復歸紀念日，他們不參加慶祝行列，而聚集示威，反對政府。

有人從中興風作浪

冲繩現任縣長屬自民黨。自民黨作風，保守持重，常被左派的，自稱爲「革新派」的人士攻訐。西銘縣長，更被指爲美軍「從屬」。西銘的任期將屆，十一月就要改選。目前呼聲較高的候選人，縣議員喜屋武真榮。即爲革新派，他不但參加了與儀公園的示威行列，還登台演講，說些攻擊西銘的，具挑唆性的話，乘機爭取選票。然而，他的演說，卻得到不少的掌聲及熱烈的唱和，由此可知，那些群眾的傾向。事實上，美軍統治時期及歸屬日本以後，一直在吵吵鬧鬧的，亦多屬此類人物。

琉球在太平洋各島中，最具戰略價值，被稱爲太平洋的柱石，可以阻止共產黨侵犯自由世界。爲了世界的和平安全，美國不會放棄這羣小島的。日本政府在左派的壓力下，無法增加軍備，也要借重美軍的力量，維護日本的安全。所以，日本政府也不願美軍撤走。因而，儘管琉球人不斷的吶喊，示威，興訟，看來一切都將依然如故，不會有何改變。

琉球呈現繁榮新貌

雖然經過長達十年的努力，琉球人在經濟條件上，仍無法與日本齊一，但是，十年以來，琉球的外貌，卻有著顯著的改進。各百貨公司，常擠滿了人群；週末假期，通往北部海濱的公路，私人汽車總是連成看不到尾巴的長龍；昔日的瓦頂木板平房，多已便成鋼筋水泥的樓房；新建的公寓，一排排的出現在全島各地。目前琉球的柏油馬路已延伸到每個村莊（即使最小的村落），使鄉村與城市，縮小了差別。爲了一九七五年在琉球舉行的世界海洋博覽會，政府在北部修築的高速公路，現正進行延伸工程，預計一九八七年，可使這條公路，從北部的名護，通達南部的那霸。

目前琉球人最不滿意的，是從日本移來的大批流氓，他們在這兒住的，多是價值數億日元的豪華洋房，非常炫目。因而，琉球人抱怨說：「琉球好像已成了下流社會的勝地」。

一九八二年六月二十日發表於臺灣日報

註：筆者於一九九五年離開琉球時，與一九八二年的情況相差不多，只是，比八二年更繁榮些。市區已延展到郊外，大商店多些，行駛於嘉手納美軍機場旁的路上，仍可看到拿相機的人，站在籬笆外的坡地上，向內張望，偵察飛機進出；反核反戰的示威群眾，仍不時出現。至今，又十餘年過去了，那兒的情形如何，不得而知，只希望一切都改進很多。

波斯灣危機
——是沙烏地婦女揭開面罩的契機嗎？

也許受了「一千零一夜」電影的影響，對波斯灣地區的一切，總覺得神秘兮兮的。時至今日，看到位於波斯灣旁的沙烏地阿拉伯的婦女們，仍如幾世紀以前一樣，穿着不露肌膚的黑色長袍，頭頂黑巾，並戴着只露一雙眼睛的黑色面罩，那份神秘感，仍無法消失。

沙烏地阿拉伯的發跡

「沙烏地阿拉伯」這國名的出現，爲時並不久，還不到六十年，比「中華民國」還要年青。該國創建人伊賓。沙烏德，於一九〇二年佔據利雅德之後，逐漸向四周發展，將一些小部落併吞，到了一九三二年，有了目前的疆土後，便以其姓「沙烏德」，將那個新版圖的國家，命名爲「沙烏地阿拉伯」。

沙烏地南北都是沙漠，西部爲險峻山脈，中央是寸草不生的崖石高原，只有瀕臨波斯灣的東部，蘊藏豐富的石油。沙烏地氣溫高，雨量少，沒有永久的河川，在發現石油以前，其經濟來源，僅靠朝聖者的花費。

沙烏地的石油，由一美國公司發現並開採，直到一九三八年，才開始有足夠的銷售量。但至一九五二年時，該公司已成爲全球銷售量最大的石油公司，使沙烏地也逐漸轉貧爲富。至七〇年代，更成爲石油銷售量佔全球首位的國家。

由石油的豐富收入，開始大興土木；建學校，使國民接受小學至大學的免費教育；分發土地，辦無息貸款，使國民興建房舍；設醫院，讓國民免費就診。到目前爲止，沙烏地已有現代化的都市及現代化的生活水準。然而，在政治及習俗方面，卻非常守舊。

嚴格的生活，宗教煤體都受限制

沙烏地是個君主國，有王子五千人。各級政府機構負責人，如部長，省長及市長等，都由王子充任。沙烏地是個宗教國，王室乃依據已幾世紀的伊斯蘭教條，統治子民。全國的人，不管從事那種行業，每天都得停止工作五次，面向麥加聖地，跪地朝拜。如果商人繼續做生意，沒停下跪地朝拜，會被警察干涉。

別的宗教，不準在沙烏地活動。非回教徒，也不准葬在該國。如因特殊原因必須葬在那裡，則其墳墓裡，必須先舖一層水泥，表示那非回教徒的屍體，未觸及該國土地。

王室對國民的生活行動，限制的很嚴。喝酒，賭博，看色情書刊圖片，甚至跳舞，都在禁止之列。處罰小偷，斬斷其手；對通姦者，用石頭擲死；強姦或謀殺，是砍頭之罪。男女有別，分開受教育，亦不能混在一起工作；不能在公共場所牽手及交談。婦女不能開車，不可進電影院，不能單獨外出，婚前必須與母親住在一起；外出時，必須穿不露肌膚的黑色長袍，戴黑色面罩；與丈夫同行，必須走在丈夫後面。婦女的職業，只限於教師，社會工作者及醫護人員，也是男女分開的。

沙烏地對媒體，也控制的很嚴格，如伊拉克侵佔科威特的消息，還是幾天後才發佈的。他們嚴格的檢查書刊，錄影帶；也管制外國記者進入採訪，並規定每年不得超過二十天。不幸的是，嚴厲的限制，近來卻被其鄰國伊拉克破壞了。爲了增強裝備，他們不惜破規，與無神論的中共建交，以便向中國購買武器。科威特被伊拉克侵佔後，他們又破例請美國出兵，進駐該國，以防伊拉克侵入。

軍帶入美國文化

美沙兩國，文化不同，國情有異，尤其在對女人的看法方面。沙烏地的男人認爲女人是弱者，無論身體，思想及精神等等，都不如男人，都需要男人的保護。而美國是講求男女平等的國家，美軍不但有不少女軍人，而且做與男人相同的工作，站崗，開卡車，修飛機，修汽車，在真槍實彈下練習作戰等，樣樣都與男軍人一樣，是沙烏地男人絕對想像不到的事。

美軍剛駐進該國時，兩國的人，都有些緊張，怕因文化的不同，而衍出不愉快的事。因而，美軍在出發前，都先被指導一番，告以那些事該如何做，那些事不可以做；那些話可說，那些話不能說，不能問。而沙烏地也盡量設法，把美軍基地設在離該國人民較遠的地區，並使美軍儘量不要進入當地的人群中。雖然如此，要絕對的隔離，卻無法辦到。

令沙國男人吃驚的女空軍

美軍報紙說，美軍初駐入沙烏地時，一群沙烏地的男人，看到一位女部隊長，發號司令的指揮部屬時，都驚異的停下工作，呆呆的看著。一個女空軍，在華氏一百二十多度的跑道上工作時，不耐其熱，便脫下軍上裝，只穿短袖的汗衫，沙烏地的男人們看到後，更騷動起來，使那位女兵的士官長，只好叫她把軍裝穿上。自那以後，女兵都接獲指令：「在接近阿拉伯人的地方，不能穿汗衫出現。」

一則沙烏地的新聞也說，東部省的一個民眾，曾驚慌的求見省長說：「我看到一件從未見過的事，一個白皮膚的女人，穿著軍裝，駕輛軍車，在公路上馳行。」那州長安慰他說：「不要耽心，由於美軍的駐入，在公路上看到穿軍裝的女子駕車，是不可避免的事。」

雖然兩國都設法各司其事，減少接觸。可是，沙烏地 F-5 戰鬥機的裝備品，由美軍供應，該機的維護及修理，也由美軍負責。管供應品的女空軍奧爾生說：「我們剛來時，他們看到我們這些美國女人，好像很不自在，有問題，他們總是去找我的男同事，不肯找我。最初，他們看到我像男人一樣，可將一個五十磅重的盒子舉起，也很不習慣似的。可是，過了一段時間之後，在他們發現，我不像他們想像中的，用手指就可彈倒的弱女人，而是一專業人員，便開始接受我，並信任我了。現在，他們有問題，都直接來找我了。」

沙國婦女的地位會改觀嗎？

九月初，國王法德出人意料之外的宣佈，要沙國婦女，參加軍中醫護的服務以捍衛國家。結果出乎意料之外，反應相當熱烈。到目前為止，已有五千人，完成了急救及防毒方面的訓練。另有一萬三千三百人，已簽名等待這種訓練。這些工作，是要接觸陌生者的，在這男女授受不親的沙烏地來說，真是一次社會大改變。一位從事電腦工作的女士，參加過這種訓練後表示：「現在，我覺得自己更捲入了社會。」

也是在九月，一件平時不可思議的事，在沙烏地出現了。一小群利雅德的商人，在晉見市長——法德王的弟弟塞爾曼王子時，竟敢向他建議，應增強國防，也該讓人民對國事，有較多的發言權。之後，其中一商人說：「我們必需面對現實，有所改變才行。」

有些沙烏地男人，以在私下議論，說他們年青的婦女表示，美國女兵出現在他們那個男人至上的國度裡，是從未有過的好現象。一個年青女子，很樂觀的預言，由於美國女兵給人的好印象，她相信，不出一年，她們會被允許駕駛汽車的。

美軍駐入之後，越來越多的聲音，呼籲社會的改變，尤其是受過高等教育的婦女們。

王室的人，也意識到美國女兵對其社會的影響。那些專業女性的出現，也使他們覺得，沙國婦女要求平等的趨勢，已近在尺呎了。

一九八〇年十一月二十一日及二十三日
以希爾瑞筆名發表於世界日報上下古今版

蔣經國常背黑鍋

真快，曾使台灣興盛繁榮，成爲亞洲四小龍的總統蔣經國先生，已逝世十八年了。回觀他走後十八年中台灣的政局，不僅一言難盡，更令人感嘆。在電視上看到馬英九先生在經國先生忌日，往大溪慈湖謁陵時，面對經國先生的遺像，曾兩眼泛紅，落了眼淚。是他的感觸太深吧！才會使一位大男人當眾流淚。

看到那鏡頭，筆者也感觸的想到，經國先生一生，念茲在茲的，都是爲國爲民，不爲自己的榮華富貴；不濫用職權，不公器私用。可是，因爲他是蔣中正總統的兒子，卻常遭人誤解，因而背了不少黑鍋。

一本由中外作家及記者之文彙集而成的書「蔣經國在台三十年」，其中的「蔣經國浮雕」一文，是早年名作家卜少夫先生寫的。在那篇文章裡，卜先生說，很多與經國先生扯不上關係的事，都一筆筆的記在他的名下，使他背黑鍋，並舉了兩個例子，證明那些事與經國先生無關。其中之一，卜先生寫道：「一九五五年二月四日，軍人之友社總幹事江海東率領一批軍人，到空軍新生社暴力阻止一個國際性的時裝表演會這件事。當時在香港以至海外，都傳說著江海東是奉命行事的，最低限度是先承意旨，因爲軍人之友社的背後老闆是蔣經國，這個邏輯在表面上很合理。事實上當時蔣經國本人在大陳而不在台灣本島，事前也一無所知。以後等到總統下手諭扣押江海東，主辦此會的華美協進會，陳納德夫人（陳香梅），籃欽大使等才明白其中梗概，知道江海東一批軍人，在當時一江山淪陷，大陳撤退的悲憤情緒下，一股鬱鬱之氣悶在心頭正無處發洩，眼看著這個花團錦簇的極不和諧的場面出現，感情激動，而出之於糾眾行兇，動機非常單純，行動也是一些烏合，與蔣經國風馬牛不相及。」

卜先生說的一點也沒錯，該事不僅與經國先生風馬牛不相及，更是主其事的江海東先生，事先也未曾想到的事。這件事，是由一群記者的談論引起的，是臨時起意，並非蓄意糾眾鬧事的。那些記者中，有中央日報的劉毅夫，聯合報的胡鐵吾，中廣的王大空等十餘人，筆者忝爲其中的一員，對該事的原委，皆親歷其境，故知之甚詳。

一九五五年初，中共發動攻打台灣的外島一江山，國軍棄守該島後，繼而轟炸大陳，砲擊金門。不久，大陳又開始撤退，當地居民，都被接往台灣，暫時安頓在基隆一國民小學的大禮堂內。那時，台北跑軍事新聞的記者們，每天都乘軍人之友社的交通車，前往基隆，或訪問自大陳撤退的難民；或迎接傷亡的官兵。軍人之友社的職員及記者們每天接觸的，不是棄家離所，甚至喪失親人，悲喪的難民；就是血跡斑斑的傷患；或是一排排躺在地上，腳趾朝天的陣亡將士。這些淒涼的情景，使看到的人，莫不心酸。

二月四日，軍友社的交通車，一大早便載著台北的記者們，前往基隆，等待自大陳運難民的軍艦到達。至難民下船被安頓好後，已是下午一點多了。在回台北的交通車上，心情都很沉重的記者們談當天的情形時，有位記者說：「在目前狀況下，今天晚上，陳香梅還要在空軍總部舉辦時裝表演，真不合時宜」。此話一出，大家七嘴八舌的談論起來，越談越激憤。最後，有人提議前往勸阻，大家贊成，江海東先生也同意，並要大家同回軍友社，做準備工作。

回抵軍友社時，已近三點，該社買些便餐，供大家在辦公室裡進用後，便開始寫傳單，做旗幟等。六點多，準備就緒，大家立即往仁愛路四段，守候在離空軍總部不遠的地方。當時的仁愛路四段，窄如小巷，附近居民，多為三輪車夫等勞工階級，當他們得知事由後，也很激動，便自動的加入勸阻的行列（沒有軍人），要求車中人別在國難當頭，做不合國情的事，不要赴會。那晚，細雨濛濛，滿路泥濘，江海東先生對不聽勸阻的人，在情急之下，竟不顧污穢的跪下，懇求車內人別去表演會場。當時，有的人聽後，調轉車頭離開；有的人不聽勸告，強行而過。逐漸的，參與的民眾雖然越來越多，但是，大家只攔車勸告，無人施展任何暴力。當時，卜先生不在場，他的文章，只是從傳聞下筆的。因而，他把事發地點的「空軍總部」說成「空軍新生社」，亦說「江海東率領一批軍人」，更用「糾眾行兇」，「暴力阻止」等字眼，真冤枉了那些具愛國熱忱的人。

過了一段時間，一輛吉普車駛抵停下，身著軍裝的蔣緯國下車，找到江海東後，先訓斥他一番，然後用嚴厲的口吻說：「我用將軍的職位，命令你立即收場。」對這道命令，江海東只好服從，大家也只好悻悻的離開。

大約是兩三天後，軍友社的人員及台北的軍聞記者們正在基隆碼頭等待難民船時，忽見軍友社的一位職員到處找總幹事，他很興奮的告訴記者們說：「總統要召見總幹事」。當時，軍友社的人都認為，總統召見，可能是要獎勵他的愛國精神，因而，大家都很高興。誰知，事情的發展，與他們想的，恰巧相反。等他們回到台北後，得到的消息是：

總幹事因該事件，已入囹圄。

該時裝表演會，是陳香梅主辦的，被攔阻後，不知她跟蔣緯國如何說的？也不知蔣緯國如何告訴老總統的？竟使江海東先生落得如此下場。

二〇〇八年二月二十日
發表於世界日報上下古今版

美國兩位少數族裔的楷模

七月二十九日世界日報的社論，談到美國一個動畫網站中的單元「黃先生」，將其主角黃先生畫成一個瘦小，暴牙，小眼的男僕，英語說不好，常受人嘲弄。這幅依照往昔美國人對亞洲人，尤其是中國人的觀感的造型，被亞裔民權團體認爲是歧視亞裔，起而抗議，要該網站撤銷該單元。

那篇文章，不僅支持亞裔民權團體的行動，還呼籲我們亞裔，遇到被歧視的情事，只要有理，就該理直氣壯的站出來，據理力爭，千萬不要不敢抗衡，或存多一事不如少一事的傳統心理，迴避不理，才能確立亞裔正面的行象。

讀完該文，使我想到美國兩位少數族裔的故事。這兩位人士，一爲黑人，一是墨裔，雖是微小平民，卻敢向權勢挑戰。事後雖遭致罰款，坐牢，被恐嚇，然而，他們的事蹟，卻激勵了他們的同胞，奮勇的爭取到應有的權益。他們的故事，雖是陳年老事，甚至已被人遺忘，可是今年，都被翻出重提。而且，他們兩人，都得到最高的褒揚。我們少數族裔，如要站起來，這兩位人士，該是最好的楷模吧！

一九四七年以前，美國有條法令，規定黑人乘坐公車火車，必須坐在規定的最後幾排，否則，會遭到懲罰。一九四四年七月，維吉尼亞州格露塞斯特爾鎮，有位二十七歲，名摩根。愛雲的黑女子，流產不久，她把一對兒女放到母親家，請母親照顧後，便走到灰狗公車站，乘車往另一城市的醫院，檢查身體。上車後，她按規定，走到車後，選了一個靠走道的位子，坐在倒數第四排，規定黑人可坐的區域內。她的旁邊，坐的是個抱著嬰兒的少婦。行約數哩，至另一站，一對年輕的白人上車後，白人區已坐無虛席，司機便命令這兩個黑女子，把坐位讓給那兩個白人。當時，如果不聽司機的話，被認爲是既魯莽又危險的舉動。可是，摩根竟勇氣十足的對司機說了「不」字。她不但自己不肯讓位，當那個抱著嬰兒的人站起來要讓位時，她也阻止她說：「抱著那個孩子，你能去甚麼地方？」然後，她對司機說：「我沒做錯事，我買了車票，坐在我應該坐 的地方。」面對兩個頑抗的，不服從法令的乘客，司機很氣憤。到了下一個城市，便把車子開到一所監獄前，進去報案。不久，有個警察來到車上，告訴摩根，他有一張通緝令，要逮捕她。她不但不理，更把接到手裡的通緝令撕碎，丟到窗外。看到那種情形，那個警察，便抓住她的臂膀，想把她拖下車。她卻大叫起來：「他觸摸我了」，並用腳踢那警察。另一警察見狀。也上車協助，當他拉她時，她本要咬他的手，因看到它很骯髒，便去抓他，並扯他的衣服。最後，那警察拿出警棍，才將她拖下車，關起來。

當法院審判她時，法庭裡擠滿了黑白兩種人，法院的門口，也貼著三K黨的標語。審訊後，法官指出兩項罪狀，第一，抗拒逮捕；第二，違反隔離法令。摩根承認了第一罪名，被罰款一百元，卻不承認第二項，堅持說她買了車票，坐在該坐 的位子，她沒犯錯。她的律師也強調，隔離法律，是不公平的。可是，當時的法官，還不能接受摩根律師的爭辯，對這條罪狀，她仍被罰款十元。

此案結束後，對她來說，一切都已過去。可是，全國有色人種協進會的兩位律師，卻鍥而不捨的，把她的案子，一直上訴到最高法院。終於，一九四六年六月三日，最高法院以六對一票，廢除了那條不公的法令。灰狗汽車公司，也立即通知他們的司機，不要強行分隔黑白。但是，改變不是一夕就能做到的事，直到次年，黑人才能在公車及火車上，隨意而坐了。

現年已八十三歲的摩根，住在紐約長島，對這件事，早已置諸腦後。她故鄉的人，甚至一些專門研究美國黑人歷史的學者，都沒聽過她的名字，更莫論她的故事了。可是，格露塞斯特爾鎭，明年將有三百五十年的歷史，該鎭的人，已開始籌備大勢慶祝。幾位義工，在研究當地歷史時，發現了她的故事。籌備會的人認爲，摩根犧牲自我，爲正義而爭的精神，是孩子們的好榜樣，決議表揚她，並用她的名字，設立四個獎學金。記者聞訊，前往訪問，當問到她爲何敢那樣做時，她說，沒有任何目的，只認爲自己沒有錯而已。她也重複當時說過的話：「我沒有錯，我買了車票，坐在我該坐的地方」。當時，她絕沒想到，自己既失財又坐牢的舉動，竟使她的同胞，在三年之後，在車上可與白人平起平坐了。

我國在二次世界大戰前，各通商口都有租界，一些租界的外國人，不僅輕視國人，還侮辱我們，光明堂皇的在門前，掛著「中國人與狗，不可進入」的牌子。大家該沒想到吧！這種情形，在大戰之後，還發生在美國。不過，他們歧視的，不是中國人，而是墨西哥人。近百年來，美國很多農場的工作，都靠墨裔，但是，白人卻不把他們當人看。很多餐館的門前，都有「狗與墨西哥人，不可進入」的牌子。而農場主人，更施盡欺壓手段，每天只幾分錢的工資，要他們整天彎腰駝背的，在沒有飲水，也沒有廁所的田地裡工作。有時，還會欺騙他們，少付工錢。農場主人為了不讓他們組織工會，更緊緊的盯著他們，極力阻擋。傳統的，墨裔多非公民，沒有投票權，使得他們束手無策，只有逆來順受的，默默的忍受一切。終於，有位在美國出生的墨裔，勇敢的站出來，帶領他們，爭取權益。

一九二七年生於阿瑞桑納州的賽沙爾。恰維茲，十歲開始，便隨著家人，在農場工作。他記得俯身焰陽下，呼吸撲鼻的塵土及殺蟲劑，半飽的睡在車上或帳蓬裡，被老闆騙掉工資等情形；他沒忘記父親被趕出一家餐館的羞辱；他無法去除心靈上的一塊烙印——服兵役時休假，穿著便服去看電影，因拒絕離開白人區的坐位，而嘗鐵窗滋味的情景。因而，如何爭取墨人的權益，是他念念不忘的問題。一九六二年，他下定了決心，放棄一份待遇不錯的工作，帶著全家大小十人，擠在一輛車裡，遷往墨裔農工最多的加州，定居在聖荷西郊區，一個農場環繞的小鎮，受雇於美籍墨裔民權團體，「社區服務組織」的機構。他的工作，是鼓勵有權投票的人，辦理登記。在那兒，他除了穿梭於田地裡外，還與他的太太海倫，教墨裔農工們讀書認字，使他們可成為美國公民。

在這個機構工作了十年之後，他被升爲該機構的主管。這時，他與一位同事，開始靜悄悄的，籌組公會。過去很多次，加州農工想組織公會，都沒成功，原因是加州的農場主們，控制了加州的農業政策，使得那些農工，無能爲力。因而，恰維茲跟他的同事，只能靜悄悄的進行。他花了三年的時間，跑全國各地農場及農工居住的地方，或在教堂，或人家的客廳裡，舉行會議，鼓勵大家參與爭取權益的活動。

在恰維茲的激勵下，一九六五年，加州出現了有史以來的，第一次的葡萄園大罷工。一成千上萬採葡萄的工人停工，讓葡萄腐爛。全國各地，也發動抵制購買葡萄的運動。一些同情他們的人，也加入他們的行列。一年後，他又帶了七百農工，步行三百四十哩，到加州的首都去請願。他們的行列，沿途有人加入，至他們抵達時，已超過一萬人。

恰維茲雖激動農工爭取權益，卻反對暴力。他一再的提醒群眾，不要動武。可是，有些人卻不以爲然。一九六八年，當他們罷工時，農場主卻雇了一些代工，因而引起一場打鬥。恰維茲前往勸阻，說暴動是既愚蠢又不道德的事，那些人卻不肯聽。他莫可奈何，只好絕食，企圖感動那些人。消息傳出後，當時有名的黑人民權運動者馬丁路撒。金博士，曾致電問候，表示支持。當他絕食時，每天仍耐心的，與排隊等候去看他的農工們交談，討論。二十五天後，當時的司法部長羅伯特。甘迺迪，正好在洛杉磯進行競選總統的活動，特去看他。在部長的安慰與勸導下，他才開始吃了一片麵包。近四週未進食，他的體重，輕了三十五磅，已軟弱的不能向大家說話，只能對助理耳語，由助理把他要說的話寫下，再大聲的用英語及西班牙語，唸給大家聽。

由於恰維茲不怕艱難困苦的帶頭爭取，一九七〇年七月二十九日，農場主們終於同意與農工簽訂契約，答應給予合理的工資，改善工作環境。此時，他們的工會「農工聯盟」，亦已成立，成員多達八萬人。但是，這些轟轟烈烈的事蹟，也使得農場老闆們，聯邦調查局及新聞記者，都緊緊的盯著他，甚至有人說他是共產黨。他的辦公室，常遭到破壞及偷竊，他也收到恐嚇信，說要殺他。他向聯邦調查局報案，聯調局卻相應不理。雖然如此，他仍勇往直前的走下去，活下去。可是，至八〇年代末，當所有的罷工及抵制都已停止時，農工聯盟卻有五位活躍的人員，遭致殺身之禍。他們有的遭槍殺，有的被卡車壓死，有的被便衣警察敲打頭顱而致命。

經一番奮鬥，契約雖已簽訂，農主們卻做的有限，工資仍然很低，改進也不多，此後，他們還有幾次罷工及抵制的運動。恰維茲又絕食兩次，一次是抗議農主們推薦管制罷工的法令；一次是因不少農工的孩子，都患了癌症，等待死亡。他認為，那是環境不佳使然，因而絕食，喚醒大家的注意。一九七五年，他又帶了一千人，步行五十八天，走到一千哩外的一個城市，遊說建立法令，保障農業公會公平的選舉。

由於恰維茲不斷的爭取，現在，所有農場，都有飲水及廁所，住處有嚴格的規定，農工有失業救濟金，賠償金，工會會員，還有醫療計劃及退休俸等。

一九九三年四月二十三日，恰維茲一覺未醒。次年，克靈頓總統將美國頒給文職人員最高的獎章「自由獎」頒給他。今年八月，加州通過一條提案，將恰維茲的生日，三月三十一，像馬丁路撒。金一樣，訂為假日，以表揚他的貢獻。

二〇〇〇年十月十日

發表於世界日報上下古今版

吳淑珍美國行

陳水扁總統夫人吳淑珍來美作私人訪問，台灣政府曾大作虛擬的宣傳，說吳抵美後，會與一些美國官員及前兩任的第一夫人芭芭拉。布希與希拉瑞。克靈頓會面外，國會也有酒會歡迎她，她會在國會演講，還加重語氣的說，她演講的地方，是前蔣夫人宋美齡演講處。如此刻意要與蔣夫人相比，使得綠色人士，興奮異常，認爲是民進黨政府外交的突破。事實上，這些都是無中生有的說法，是騙台灣的百姓。因爲，美國國會並未正式邀請她。

據前註美代表陳錫蕃先生的專文指出，依美國政府規定，只有國會議員，才能借用國會內的廳堂。那酒會，是台灣請幾位國會議員出名借用的，有關籌備工作及費用，都由台灣政府負責，客人的名單，亦由台灣決定。在那份客人名單上，有芭芭拉。布希與希拉瑞。克靈頓，據說，發給她們的請帖，沒有反應。台灣卻宣傳說，吳會與那兩位第一夫人見面。其實，她們都未出席。

行前，吳曾大言不愧的說，蔣夫人不能與她相提並論。事實上，無論從那一方面，她都無法與蔣夫人相比。蔣夫人是由美國國會正式邀請，向參眾兩院全體議員演講；而吳淑珍只在酒會的場合講講話而已。然而，台灣的官員們，還喜孜孜的，毫不慚愧的說：「總統夫人吳淑珍已走進國會山莊了」。是的，她是走進國會山莊了，可是，台灣的納稅人，可知那是台灣自導自演的一場戲劇嗎？是花他們大筆金錢買來的。現在，已劇終人散，吳淑珍爲台灣帶回了何種利益？開擴了外交嗎？她見了多少美國官員？據報導，國務院的人，只有國務次卿波頓而已。可是，此人是曾獲得台灣資助，策劃台灣進入聯合國的人。從他的背景，便知他爲何要去。他去後，國務院向媒體解說：「那是私下短暫的談話，美國對台的政策沒變」。她已使台灣的外交升級了嗎？推廣了僑務嗎？她所到的場合，有多少老僑參與？報載，紐約的僑宴，根本沒老僑出席；而洛杉磯的老僑們，在綠色陣容設宴迎她時，也設宴「向蔣夫人致敬」，出席人數，還多的出奇，酒席擴至兩家餐館。在這樣情形下，他的任務成功了嗎？

自從民進黨執政以來，經濟日益簫條，原來「錢淹腳目」的台灣，竟呈現數百學生繳不起學費，數萬學童買不起午餐的慘狀。反觀政府高官，不謀好好治國，卻愛往外國跑。兩年多來，總統，副總統，行政院長，甚至總統夫人，都浩浩蕩蕩的帶了大批人馬，往國外跑了幾次。而且，還在絞腦汁，想讓陳水扁來美國。試問，他們出國，國內得到那些好處？

兩位蔣總統，都未出過國，卻使台灣的錢淹了腳目。現在的總統及高官們，都愛往外國跑，跑出了甚麼成效？在國家很多學生繳不起學費，買不起午餐之時，陳水扁還讓他的太太，帶了二十多個隨員，花納稅人的錢來美國，住最高級的旅館，應該嗎？據報導，吳淑珍在紐約住的房間，每晚四千多美元，其隨員的房間，每晚也需四百多美元。算算看，她那一行人在美國十天的開銷，共花了多少納稅人的錢？

記得當年克靈頓太太競選議員時，有次乘空軍一號飛往紐約，媒體便指出，那是私人的事，不該用公家的飛機，更呼籲她償返飛行的費用。吳來美國，屬私人訪問，也該是私人的事。然而，她不但花公家的錢，還有高官及大批人員隨行，像這種公私不分的事，國內竟無人說不該，實令人奇怪。

二〇〇〇年十一月十四日發表於世界日報金山論壇版

吳淑珍美國行的風波

陳水扁夫人吳淑珍來美訪問歸去後，台灣政府還大事吹噓，說她的出訪，非常成功，美國國會曾舉行酒會歡迎她，她已走進美國國會了。事實上，那酒會是臺灣官方，借國會議員之名及場地舉行的，是他們請國會議員，不是國會議員請她。看過世界日報十月二十四日的報導：「國會歡迎酒會，烏龍事件一籮筐」，便知她的造訪，是否成功？

事隔一月，大家對此事已逐漸淡忘時，台灣又因吳淑珍在華盛頓杜勒斯機場，被安全檢查事而喧嚷起來。吳淑珍被查，使她生氣，還發了一頓脾氣，總統府因而震怒。還有立委認爲，如此對待他們的第一夫人，是對台灣不尊重，應對美方強力的抗議。其實，那些人的動作及議論，都忽略了一個大前題，忘了吳淑珍此行，是私人訪問，美國沒理由以貴賓之禮待她。至於向美國抗議，外交部實無理由，因爲，據新聞報導，早在吳行前，美國曾向台灣說明，吳淑珍此行爲私人訪問，她的通關，以一般方式處理。這就是明白告訴台灣，她必須與一般旅客般，接受安檢。

自從九一一事件後，凡是進入美國機場的人，無論達官貴人，外國政要，都需經過嚴格的檢查，甚至脫鞋被查。曾做了八年副總統的高爾，那個美國人不認識他？可是，在機場，他也被脫鞋檢查過。吳淑珍自以為是總統夫人，不該被檢查，卻不省自己是從一般旅客的登機處進入，與一般旅客無異，當然應受檢查，為何還要為被檢查事而大鬧？而且，在事發一個月後，政府高官，還認為是事務官的錯誤，要處罰他們，包括駐美代表程建人在內。

總統夫人動用公款及公務人員出國作私人訪問，此事如發生在美國，定會被媒體攻擊得體無完膚。可是，在自噓為「民主」的台灣的高官們，對他們的作為，不但不以為忤，出了事，還怪罪於部屬，這道理，不知出自何處？如認真追究，其責應在始作俑的外交部。因為，自從簡又新登上部長寶座後，為求表現，便想盡方法，要總統走出去，最好是走到美國。可是，陳水扁進不了美國的門，便要了一個花招，由吳淑珍「代夫出爭」，名為私人訪問，卻花大筆公款，還浩浩蕩蕩的由僑委會委員長，總統府副秘書長等高官及二十多名屬員隨行。更大事宣傳的說，那是台灣外交的突破，卻未向國人吐實的，總統夫人此行，是私人訪問，未具貴賓身份，可能無法獲得貴賓的禮遇。而陳水扁亦未向其妻開導，告訴她此行爲私人訪問，不要期待貴賓的禮遇，以致她在未獲得禮遇時而發脾氣。也許是陳水扁爲了安慰她，便要處罰爲她賣力的事務人員，替她出氣。不久前，農委會主委范振宗曾在立法院說：「跟游院長做事很辛苦，做一年會少活五年」。也許，跟現政府工作的人，多會有如是想法吧！對此風波，外交部要駐美代表程建人先生，報告該處罰者的名單，他只報了一名，就是他自己。他的膽識及處理方法，值得敬佩。

再者，此事的起源，吳淑珍也該負責，是她太自大的結果。行前她對法新社的記者說，蔣夫人宋美齡不能與她相提並論；然後，又對隨行的媒體說，她的地位比江澤民夫人高。從這種言論，可知她是多麼的傲慢！如果她識大體，謙虛些，了解自己是來美作私人訪問的，進入的是一般乘客的登機門，當然應與一般旅客一樣的被檢查。如果她不小題大做，就不會有這事後的風波，連累一些事務員了。

二〇〇三年七月十三日

發表於世界日報金山論壇

作文應廢除嗎？

美國高中畢業生，要進入大學，除了學校的成績單外，還得通過SAT〔學業評估考試〕測驗，而且這種測驗，向來都不考作文的。加州大學校長Richard。Atkinson在一次演講中，公開批評這種只有是非題的考試，沒有價值。並警告說，該州將取消這種測驗，用另一種接近高中課業的考試取代。今年六月二十七日，主持SAT考試的大學評議委員會〔Trustees of the College Board〕開會討論，一致同意，除了應加考作文，還需加強數學測驗，並決定從二〇〇五年起，開始實行。他們認為，作文是激發學生思考能力的最佳方法，可使他們把從文學，歷史，現在發生的事及自己的經驗裡，學到及看到的事，寫成組合很好的論文，敘述自己的感想與看法。對這樣的決議，該委員會主席 Gaston Caperton說：「如果我們不聽他〔加州大學校長〕的意見，顯得我們既高傲，又愚昧。」

正在美國教育界認為寫作重要，要學生加考作文的時候，台灣教育當局，先是要取消國中的作文考試，最近更有低票當選，還未上任的考試委員林玉体倡議，要廢除公務人員考試中的「國文」，竟然得到副總統呂秀蓮的響應，及獨派考試委員的支持。親民黨的考試委員邊裕淵說：「身爲中國人，怎能廢考國文？」可是，問題在於那些獨派人士，不承認他們是中國人。他們的目的，是要「去中國化」。

去「中國化」，必須有一套完整的能代替中文的文字。可是，現在台灣流通的方言，無論閩南語，客家話，或原住民的話，都只有語言，沒有文字的。廢棄了中文，又沒有代替的文字，人們如何書面溝通？政令如何宣達？不重視作文，政府的公告，是通非通，人民如何了解公告的含意？據新聞報導，行政院計劃在六年內，要把英語提升爲「準官方語言」，並計劃在二○○七年前，路標，商店招牌，公共場所及地圖等，都用英文；博士，碩士的論文，也要求用英文撰寫。而且，自今年九月起，國小也開始教英文。很明顯的，民進黨政府，打算用英文代替中文。英文是容易學的嗎？短短的六年，各級公務人員，包括陳水扁在內，都能用英文寫公文嗎？全國人民，都看得懂英文路標，商店招牌及地圖嗎？博士，碩士學生，除非專攻英文，他們能用英文寫論文嗎？民進黨政府的想法，未免太天真了！全部英文化後，絕大多數的國民，走在街上，看不懂路標，招牌，豈不變成了目不識丁的外國人了嗎？再者，民進黨人認爲「中文」是外來語文，不值得學，要去除它，可是，英文也不是台灣的土產，也是外來的，捨中文而取英文，也不見得光榮。

自從廢考作文之議興起後，不少學者，立法委員，報紙，都大聲疾呼，認爲文字是人與人之間溝通的管道，作文是作者表達觀感，思考的最佳方法，豈可廢除？應加強才對。中研院許倬雲院士說：「國中不考作文，可能造成國中不重視作文訓練。只憑記憶累積知識，會使孩子不能學習欣賞佳作的能力，也無法獲得語文交流的能力。」世界日報的社論也說：「公務人員要奉行法令，向公眾解釋法令，需要善用文字的能力與修養。公務人員考試科目中的國文科，只可加強，豈可廢除。」

盼望民進黨政府，能效法美國大學評議委員會的作法，善納建言，別高傲愚昧。應維護並加強我們既有的語文，才不致遺害後人，不會使未來的國民變成不能以文字表達的文盲。

二〇〇二年七月二十四日

發表於世界日報金山論壇版

追憶恩師的恩情

我的家鄉永綏（現名花垣），在湖南西部與四川接壤的地方，是個群山環抱的城鎮，盛產桐油，用木製的油桶盛裝外銷。當地共兩家製桶廠，我家便擁有其中的一家。我的家庭，雖不富裕，卻過得舒適。家人雖只四個，父母還養了好幾口，除了扶育父母雙亡的，大我一歲的堂兄，及比我小的表弟表妹外，還照顧他們鰥寡的友人。父親一位獨身朋友，一日三餐，都在我家進食；母親的寡友，住在我們家，直至去世。很不幸，我小學三年級時，父親因傷寒病逝。家庭與生意重擔，全落在母親肩上。不知是母親不善經營，還是商人欺負孤寡，短短幾年，油桶廠的生意，逐漸蕭條，終至息業。我們的生活，也越來越困難。至我小學快畢業時，母親對我說：「你畢業後，我沒錢供你上中學，你只好在家裡助我照顧弟妹們。」

小學畢業考試時，作文題目是：「我畢業後的計劃」。在那篇文章裡，我用母親的話，據實寫出。慈善的國文老師看後對我說：「你去考貞信，我可助你申請獎學金。」貞信，是教會辦的女子初中，也是從岳陽遷至永綏的流亡學校。在余煥英老師的鼓勵與協助下，我考進了貞信，也獲得學校給的獎學金，使我得以繼續學業。

我以爲，貞信給的獎學金，只是一年的。可是，一年很快的過去了，第二年開學時，同學們去學校註冊，我隨她們前往，卻不敢跨過校門，只流連於校門外的廣場，與同學們廝混。不料，被校董海小姐看到了，她走出校門，向我招手。當我走近她時，她說：「你怎麼還不去註冊？我爲你向聖公會申請的，是三年的獎學金。」這是萬沒想到的事。在海小姐的安排下，我不僅無虞的完成了初中的學業，她還鼓勵我繼續深造。畢業時，她把我帶到校長室，要校長爲我出一張「清寒生」的証書，使我進入高中後，也能申請獎學金。

海小姐，美國人，名 Gertrude Hoy，中文名海愛義，因她小姑獨處，我們不稱她海老師，都叫她海小姐。她是貞信實際的負責人，因爲，貞信是她的母親創辦的，她繼承母志，自一九〇七年她在賓夕法尼亞大學獲得教育碩士學位後，即往中國，獻身貞信的校務。她在貞信，先做校長，後領導董事會，督導校務，籌募基金，協助貧窮學生，並兼任英文教師。

貞信在縣城的東邊，海小姐住在西邊的福音堂裡。每天，她必須早上從西往東，穿城而過的去學校；旁晚時，再從東而西的，穿越兩道城門，回到住處。她，個子不高，喜穿高跟皮鞋，走在青石地板的街道上，咚咚的響。那時，全城的人，都穿布鞋，只有她穿皮鞋，只要聽到咚咚的腳步聲，便知是她路過那兒。個子不高的她，總是精神抖擻的挺著胸，直著腰而行。

她也是我的英文老師，我很敬佩她的教授法。因爲，一般的教師，在課堂發問時，多選功課好的學生作答；而海小姐，反其道而行；她先叫功課最差的學生回答，如她答不出，再問較好的，仍答不出，才問最好的。如此不忽略任何人，使大家都能聚精會神的學習。

在海小姐的激勵下，我考取了國立第八中學女生部。該校是從安徽遷至湘西的流亡學校，學員多是流亡生，都享有公費，食宿及書籍都由政府供應。我因那張「清寒生」的証書，亦獲得同等待遇。

進入高中只數月，傳來抗戰勝利的消息。次年，西遷的學校紛紛搬回原地，貞信遷回岳陽，八中也回到安徽。高女部遷蕪湖時，我隨校東移，船經岳陽時，特登岸去我未涉足過的母校——貞信原址，探望海小姐。她仍非常關心我，知我離鄉背井，獨往蕪湖繼續學業時，除了叮囑善自保重外，還送我一包衣服。她對孤苦學生的照顧，真是極盡心力。她在中國從事教育工作，共四十餘年，至大陸變色時，才離開中國，去到香港，繼續教育中華兒女，直到退休後，才回老家賓夕法尼亞州度晚年，並於一九八二年終老故鄉，享年八十九歲。

想到兩位恩師，再回想自己，我想到，如果小學畢業時沒有余老師，初中畢業後沒有海小姐，我能離開變色的大陸，在台灣繼續尋獲深造的機會，而有今日嗎？對兩位恩師的恩情，尚未報答，她們都已逝世，使我們人天永隔，不能當面向她們表示謝忱，只能在紙上述說她們的愛心與樂於助人的精神，以誌紀念。

我的美國朋友

在美國人的圈子裡生活了數十年，我體會到，他們做人處事，有不少地方，與我們中國人不同。其一是他們對友誼，很難持久。大家在一起的時候，往來雖密，可是，分手後，絕大多數的人，很快的，便會失去連絡。不像我們中國人，友誼維繫一輩子的，大有人在。其二是他們比較事故，不肯表達自己的想法。如你向他們徵詢意見，多半會說：「我不知道」。我們中國人可不一樣，常有人會在別人發問前，先主動的提出自己的意見。其三是他們很拘謹，不願打擾別人，亦不喜別人打擾他們。造訪朋友，頂多停留三天，絕不多留。不像我們，在至朋好友家，多留幾天又何妨？有一年，一位朋友在我家住了一個多月，曾使一些美國人稱奇。我很幸運，在如此性格的美國人中，卻結識了一對熱情也爽快的夫婦——Dick 及 Gloria McClanaham。

與他們認職，無人介紹，是中國菜牽的線。因爲，四十多年前，我隨工作於美軍基地的外子遷居琉球時，礙於美軍的規定，除美國人及琉球人外，其他國家的人，在基地裡，只能做美琉人都不能做的事。因此，我只好在美軍教育中心，教授華語。以後，台灣與美國斷交，在台美軍撤離，不再需要懂華語的人，教育中心的華語課也隨而停止。我在另謀途徑中，想到另一件美琉人都不能做的事，便是教中菜。於是，我執起「教鏟」，在美軍各活動中心，開始教美國人做中菜了。

Gloria，嬌小玲瓏，是我中菜班的學生；她的先生，高大魁梧，是空軍少校。我們相識不久，好客的他們，便請我夫婦去他們家晚餐。除了正餐，Gloria 還花了很多時間，做了美國人認爲上品的餐前點心——Cheese 丸子，款待我們。那時，他們剛到亞洲，還未與東方人接觸，不知我們對 Cheese 的感受。可是，我們卻深深的感到了他們的真誠與熱情。自那以後，我們來往甚密，直到他們調往夏威夷。

他倆平易近人，無一般美國人的驕縱之氣。他們更樂於助人，鼓勵我把中菜教材，編印成書，Gloria 還主動的表示，願助我編審。在他們的鼓勵下，在 Gloria 的協助下，一本名「Popular Chinese Dishes」的書，終於問世了。在琉球基地發行後，甚受歡迎，共印了五版。此書是在台灣印的，書成後，Dick 還請他的一位中校朋友幫忙，把書從台灣運到琉球。運到後，還派士兵，把書送到舍下。

他倆都不抽煙，一直勸煙癮不小的外子戒掉，他不聽勸。Gloria 便用激將法，跟他打賭，輸者罰書一本。一次次的，外子輸了好幾次。不過，在他倆繼續的激勵下，他終於下定決心，把煙戒掉了。現在，當他走到煙霧彌漫的地方，也知討厭了。

他們調到夏威夷後，我曾去看他們，在他們家作客。他們熱情的招待我，帶我遊珍珠港，看草裙舞，在軍官俱樂部吃海鮮大餐。他們如此款待我，因爲我們是好朋友。可是，好客的他們，對我的朋友，也是如此。我的兩位住在台灣的朋友，與他們僅有數面之緣，只因他夫婦赴台觀光時，那兩位朋友，曾請他們用餐。當他們去夏威夷時，也獲得與我同樣的款待。

Gloria 很上進，在夏威夷時，除相夫教子外，還去夏威夷大學深造，取得圖書管理學碩士學位。他們離開夏威夷後，定居德州，Gloria 便從事圖書管理的工作，直到兩年前退休爲止。

我與外子，也曾去德州造訪他們，還參加他們兒子的婚禮，我們一直聯繫著。這異國友誼，至今算來，已三十多年了，可說難能可貴。

「之母」何其多

伊拉克總統沙達姆。胡森，在與伊朗打了八年之久的仗後，使原有外匯存款的伊拉克，變成了債台高築的國家。於是，胡森便異想天開，於去年八月二日，出兵侵佔其弱小而富有的鄰國科威特。在舉世呵責其侵略行爲，並呼籲伊軍撤離科威特時，胡森不但不聽，反將其部隊南移至接近沙烏地阿拉伯邊界的地方，想進而侵佔沙烏地阿拉伯及波斯灣附近各產油國家，使其能掌握並操縱全世界的石油權而稱霸世界。胡森卻沒料到，美國會出兵波斯灣，還有二十多個國家響應，都紛紛派兵前往。

在聯軍進入波斯灣之時，伊軍也在科威特南端的沙漠地帶，築下一道道的陣地，除了埋藏五十萬枚地雷，還在壕溝裡注滿汽油，準備以火，燒殺聯軍。胡森以爲，他的策略及陣式，在聯軍進行地面攻擊時，一定會使聯軍傷亡慘重。因而，他曾大言不愧的說，他會光榮的打贏這場聖戰，美軍會在他們自己流出的血裡游泳。他更以「戰爭之母」自居，呼籲阿拉伯人，加入他的行列，參與聖戰。

美軍八十二空降部隊的准尉傑米。克瑟聽到胡森的大話後說：「告訴他，老爸來踢媽媽的屁股了。」

胡森說，他會打贏這場聖戰。事實上，美軍開始轟炸後，伊軍只躲在壕洞裡，卻無還擊之力。而地面戰一進行，伊軍便紛紛投降，僅一百個小時，投降人數超過六萬。胡森接受聯軍的停火條件，戰爭結束，「之母」一詞，便被不少人引用。

在電視上，看到投降的伊軍，像螞蟻一樣，密密痲痲的，散佈在沙漠裡時，菲律賓一家日報，用很大的標題寫道：「戰爭之母」變成了「投降之母」。

美軍八十二空降部隊的軍士約翰。托斯契則說：「戰爭之母，變成胡森的幻想了。現在，媽媽逃跑了，孩子們無人照顧，支持不住了，聯軍變成了他們的褓母。」

勝利消息傳到美國，國防部宣佈開始將駐波斯灣的部隊撤回國後，各地便籌備迎接英雄歸國的節目。紐約市立即決定，將舉行一次盛大遊行，並將其定名爲「拋彩帶遊行之母」。

美空軍部隊長唐納。萊斯在迎接凱旋歸國軍人的儀式中說：戰爭已結束了，歡迎我們的英雄們歸來。你們的表現，已使那暴君認清「戰爭之母」，實際上是「妄想之母」。你們已使「戰爭之母」變為「失敗之母」，「退卻之母」。對那種熱烈的歡迎場面，萊斯將軍稱為「還鄉之母」。

在另一個歡迎的場合，霍華德。史密斯准將四歲的女兒，在他們聚首時，獻給他一束玫瑰，史密斯太太則獻給他一杯啤酒，說那是「啤酒之母」。

還有一處歡迎的群眾，舉著各式各樣歡迎詞的牌子，其中一個寫道：「歡宴之母」將開始。

這些「之母」，不斷的出現，今後可能會越來越多吧！

一九九一年五月八日以謝爾瑞筆名
發表於世界日報上下古今版

三、西洋節日

新年習俗探源

「邊地鶯花少，年來未覺新……」這首唐朝詩人孫逖爲永樂公主嫁入番邦而作的詩句，至今雖已一千多年，我覺得，那「年來未覺新」，仍是目前我們海外中國人最好的寫照。我們居住的美國，萬紫千紅，鳥語花香，且處處綠草如茵，雖不致有荒涼之感，然而，國情不同，風俗有異，我們中國人習於的新年（陰曆年）到臨時，卻是美國的平時。大人得上班，孩子得上學，如果家裡沒有一份來自臺灣的月曆，不就是「年來未覺新」嗎？即使有月曆，明知那天是我們的新年，在看不到「千門萬戶曈曈日，總把新桃換舊符」的景色，聽不到鞭炮此起彼落之聲的環境裡，「新」之感，又何由而生？獨自慶賀，豈不淡而無味？

爲提醒受洋教育的孩子們別忘了自己是中國人，使他們體察到中國的傳統習俗，二十多年了，我都權宜的把陽曆年當作舊曆年在過。每逢年底，我必大掃除一次。告訴孩子，那是年前家家戶戶必做的事。對此，有的地方稱「撣塵」，有的地方叫「掃陽塵」。除夕晚餐，我也擺上滿桌的菜，一家人，或加上一二單身友好，團聚享用。讓孩子知道，那是吃「團年飯」。我也要他們注意，別動那條魚，留到明年（明天），才會年年有「餘」。我如此「移花接木」，似乎不倫不類，可是，我很高興自己這樣做了。因爲，我已成長的兩個女兒，已自然而然的承襲了這種習俗，都知道在年底，把她們的家，「撣塵」一番。

最近，看了幾本談外國節日的書，始知現在世界各處慶陽曆新年的人，他們的祖先，並不自始都在陽曆元旦過年的。因爲，古人的新年，多以與其職業有關的天候地理爲定，且無定時。例如，農人的新年，或在宜於耕種之期，或是收穫之後。古希臘人聽到隨季節移居的鶴鳴時，是宜於他們播種之時，亦是一年之始。美國未開發前，印第安人慶玉米豐收，便是過年。大家熱烈的慶祝一番之後，便是另一個年頭起步之時。

所謂陽曆，是以地球绕太陽一週計出之曆法，名儒曆。地球绕太陽一週，需時三六五點二四二二日。儒曆一年只三百六十五日，每年幾乎短少四分之一日。爲彌補計，乃四年一閏，閏年加一日，共三百六十六日。即使如此，日積月累，至十六世紀時，該曆與天體運行之律度，竟相差十日。因而，教皇 Gregory 十三世，又加以修改。修後的曆法稱格萊葛瑞曆〔Gregory Calendar〕，於一五八二年十月起用時，將十月五號變成十五號，補足了儒曆短缺之十日。格曆仍有閏年，卻將其固定於逢四之年，在二月加一日，使那年有三百六十六日。但是，逢百之年不閏，逢四百之年又閏，使其與天體運行，密切配合。此格曆即現今世界各國通用之陽曆。

格曆問世後，歐洲各天主教國家，立即採用。而基督教各國，卻有存疑，採觀望態度。直至一七〇〇年德國起帶頭作用後，世界各國始相繼效法。英國於一七五二年十月才用。我們東方，日本採用最早，始終一八七三年。中國在一九一二年，中華民國建立之時，即開始採用。蘇聯先於一九一八年起用過，旋仍用其舊曆，一九四〇年復隨世界潮流，使用格曆。

現在，格曆雖已成爲全球通用的曆法，然而，有些國家，並不在元旦慶新年。以色列仍保持猶太傳統，於九，十月間慶其 Rosh Hashanah。泰國四月的潑水節，便是他們的新年。印度及非洲的新年，在陽曆四，五月之間。日本城市人都過陽曆新年，一些守舊的老人及村民，仍慶陰曆年。陽曆元旦是中國國定假日。但在我們的心目中，總認爲只有陰曆年，才是真正的新年，才熱烈慶祝。

原來，我以爲只有我們中國人迷信，過年時有許多忌諱。殊不知天下人，無論黑，白，黃，大家的觀念都差不多。大家的習俗，也有不少雷同之處。我 們認爲新年的徵兆，影響全年，大家都警告孩子，新年別說不吉利的話；古歐洲人都相信年前的十二天，象徵來年的十二月，在那十二天之內，須小心翼翼，避免不吉利的事發生。這種傳說，現在仍有不少歐洲人相信。我們年前必須撣塵，非洲人也在年前，把屋裡院外，大清特掃。我們是除舊佈新，他們是驅鬼除魔。我們過年，鞭炮聲不絕於耳；南美人慶新年，也大放鞭炮。除夕夜，我們除了吃，還要守歲，豪賭；美國人亦多舉行除夕宴會，大家相聚在一起，等待時針指向十二點，或響十二聲時，才舉香檳互祝，擁抱，吹喇叭，放無火鞭炮……然後是跳舞作樂，通宵達旦。

過年送禮，中國相傳甚久。晉書陸納傳中：「及受禮，唯酒一斗，肉一柈。」可知自古即以實物爲禮。西洋人送禮之風，始於古羅馬。那時的人在過年時，折下一枝祭神的樹枝，當禮送人，以示祝賀之意。後來逐漸演變，樹枝之外，加上乾果；然後又加上錢幣。使原爲祝福而送之禮，變成利害關係的工具。最早，他們只送禮給親友，以後，發展到送首長，皇上。十三世紀，英國始有送禮之風。據說，伊麗莎白女王一世，對此甚爲重視。誰送禮給她，送些何物，她都列有清單。因而，每年她都會收到大量的金飾珠寶。

聖誕節未流傳前，各國人都在新年互贈禮物。現在，有些國家把此俗移至聖誕節去了。美國人就是在聖誕節時，贈禮給家人及親友。

一九八六年二月十一日以謝爾瑞筆名
發表於世界日報副刊

小心！別做「四月魚」

每逢四月一日，不知全世界有多少人在「愚人節」〔April Fool's Day〕的名義下，名正言順的愚弄人；也不知有多少人在不知情，疏於戒備的情形下被愚弄。愚人節，這個非成文法的節日，不像別的節日那樣，總有人在正式的祝賀，卻一直未被人遺忘。因而，每到這天，總有人設法去愚弄別人一番，換取一陣歡笑。

這個習俗，幾百年，或者幾千年來，雖已越傳越廣，越傳越深，但是卻沒有人能肯定的道出它的淵源。有人說，那是古時歐洲人慶春分的遺風。因爲，那時慶春分，一連很多天，在其最後一天——四月一日，大家互贈禮物，也惡作劇一番，指使忠實可欺者，做些令人發噱的事。而且，這種遊戲，不論貴族平民，都樂於玩之。因此，便有人說，愚弄人始於春分。但也有人說，這個節日，是因羅馬神話而起的。有一天，當穀物女神Ceres的女兒在大堂樂園採摘水仙花時，地獄王Pluto忽然出現，將她搶走。她大聲喊叫，她母親聞聲而出，卻失去了她的蹤影。從那時起，Ceres 不停的追尋她女兒的聲音，被譏爲愚昧的行爲。因爲穀物女神的愚笨，而傳下了一個愚人的節日。更有人說，此風始於法國，起因於他們改用陽曆。因爲，法國的新年，原在四月一日，改用陽曆後，被提前於一月一日。當時的交通不便，號令及消息都傳遞的很慢。改用陽曆後，很多人都在一月一日慶祝新年。不過，邊遠地區的人卻不知情，仍在四月一日慶新年，仍在那時送禮給親友，使得那些收到禮物的人，認爲是開玩笑。自此，在四月一日，便有人真的捉弄起別人來了。不少人認爲，這種說法，較合邏輯，較能取信。

在法國，四月一日被愚弄上當的人，稱之爲「四月魚」。因而，每逢這天，法國人做任何事，都先躊躇一會，才採取行動。但是，拿波崙卻無所畏懼，他與他的第二任妻子，便是在一八一〇年四月一日結婚的。因而，他便「榮獲」了一個「四月魚」的綽號。

法國有個故事，說是一對被監禁的公爵夫婦，於四月一日清晨，先裝扮成農人，然後寫了一張「我倆會在今天越獄」的字條，遞給獄卒。獄卒知道那天是愚人節，看過字條後，哈哈大笑的說「April Fool！April Fool！」那對機警的公爵夫婦，就那樣幸運而又輕易的逃出了監獄。

以後，這個習俗，由法國傳至英倫三島。在英國，四月一日那天，如不小心，就會被騙，甚至遇到極尷尬的事。而最轟動，受騙人數最多者，是一八六〇年的愚人節。據說，早在愚人節的前一個月，有人紛紛收到「倫敦塔准許持柬者及友人一位，光臨參觀」的請帖，那是從未有過的事。因而，到了四月一日那天，倫敦街頭，車水馬龍，人山人海的，搶往倫敦塔，上了一個大當。據說，那次上當者，還有不少知名之士。

蘇格蘭人在愚人節最愛的玩意是「獵杜鵑鳥」。四月一日那天，會有人拿出一封信，對一個易於欺哄的人說，那信對他是如何如何的重要，請他幫忙傳給他的友人。等那人老遠的將信送達後，收信者拆開一看，信上卻寫道：「這是愚人節，請叫杜鵑鳥再走一程。」於是，他便告訴來者，那信不是給他的，信上的人，住在另一個地方。如此，一程又一程，等他疲憊的歸去時，惡作劇者卻等在那兒，給他一個「四月杜鵑」的封號。

早期移民把這個風俗自歐洲帶進了新大陸。在美國，大家除了繼承老祖宗傳遞假信息的方法外，有人將鹽或胡椒摻在糖裡，讓人品嚐千般滋味；也有人在別人的背上，悄悄的別上一張令人捧腹的字條，以四處示眾。有一年，加州有八位參議員，在他們的辦公桌上，發現了「州長召見，請立即前往」的字條，他們都信以爲真。夏威夷將成爲美國一州之前的四月一日，一個廣播電台報導說：「國會已通過本島爲美國一州，本島去年所繳之稅，將全部退返。」這則消息，曾使全島人民，雀躍不已，卻是空歡喜一場。

每在此日，中國也有人記得去愚弄別人一番。此風何時傳入中國？由誰傳入？可能會與愚人節本身一樣，無法獲得肯定的答案。不過，我個人猜想，多半是由歐美傳教士傳入的。而且，也有好幾十年的歷史了。因爲，四十多年前，我進入一所教會中學時，便知道了這個節日。

有些地方，愚人節的惡作劇，只能在上午表演。如在下午還有人取鬧，便會得到：「愚人節已經過了，你是個大獃子。」〔April fool is past, and you are the biggest fool at least.〕的譏諷。

愚人節雖不是個正式的節日，卻總有人記著它。能堂而皇之的玩弄別人一番，不但不會被責罵，又能使大家歡樂一場，也不失爲舒展身心的好方法。因而，這個節日，不但會綿延不絕，也會傳的更廣，更遠。因此，每逢此日，你只需提高警覺，記著別做「四月魚」就好了。萬一上鉤，只要拿出阿Q的精神，或隨著大家哈哈一笑；或對自己說：「前有古人，後有來者，我上鉤，既不是空前，也不會絕後。更何況，上一次當，學一次乖哩！」你就會覺得舒暢了。

一九八六年三月三十一日以謝爾瑞筆名
發表於世界日報副刊

母親節與康乃馨

五月的第二個星期日，是母親節。這個由美國人創始的節日，發展至今，幾已成為世界性的節日了。每年臨近五月時，各商店紛紛陳列出給母親的禮物，大家也各自計劃，如何為自己的母親祝賀。

母親節的創始人，是生長於西維吉尼亞，後移居費城的安娜。賈維斯〔Anna Javis〕小姐。她的母親，是牧師的女兒，執教主日學二十餘年。她常與人談起，應該有個母親節才對。可是，她這想法，雖然未能成為事實，卻移植於她女兒的心中。一九〇五年，賈維斯去世後，安娜異常悲傷，便在其母親第二年的忌日，約了一些親友至家中，除了追念她的母親外，也向大家宣稱，她要推動一個母親節。她說：「有很多人，當母親健在時，不瞭解母親的偉大，母愛的重要。如果等到喪失了母親之後才覺悟，將會為時太晚。因而，我希望有個母親節，用以提醒大家，珍惜母愛。」這意念，不僅得到親友的支持，也得到教會牧師的讚揚。當時一位頗具聲譽的牧師 Wilbur Chairman 稱讚道：「這是多年來，我所聽到的最好的建議。」

在賈維斯太太第三年的忌日，安娜請求西維吉尼亞及費城的教堂，在五月十日（五月的第二個星期日）那天，特別爲她的母親，舉行一次記念會，並稱該日爲「母親日」。因爲賈維斯太太偏愛康乃馨，安娜也要求用康乃馨，佈置教堂，並贈給與會者，每人一朵白色的康乃馨。因此，康乃馨便成爲母親節的代表之物了。

最初，無論母親健在與否，一律戴白色的康乃馨。逐漸演變，白色康乃馨，只適用於喪失母親的人；凡母親健在者，一律用紅色的。美國女作家 Ruth Baird 曾說：「在母親節，佩戴康乃馨，無論其爲白或紅，都是對母親表示純真，忠誠，祈禱及持久的象徵。」

自那以後，把五月第二個星期日作爲「母親日」的情形，由這個教堂傳到那個教堂，逐漸遍及許多城市。到了一九一〇年，西維吉尼亞的州長首先宣佈，五月第二個星期日爲該州的「母親節」。接着，其他各州，紛紛響應。一九一二年，華盛頓州長也鼓勵大家於那天去教堂，或拜訪母親，或寫信給母親。那年，也有贊助「母親節」的國際組織出現。

一九一三年，安娜被邀請至瑞典的蘇黎世，參加第七屆主日學大會。當時的日本人說，母親節是美國人給予日本人最貴重的禮物。到了一九一四年，威爾遜總統正式宣佈，五月第二個星期日為全國的「母親節」，並要大家在那天懸掛國旗。

在安娜的努力下，母親節不僅誕生了，而且已推廣至世界其他各國。大家慶母親節的熱烈之情，正方興未艾。然而，母親節雖誕生了，成長了，而命運多乖的安娜的處境，卻每下愈況。她雖然美麗，聰明，卻終身未婚，僅與妹妹相依為命。以後，她喪失了妹妹，也捲入財產糾紛，弄得非常潦倒。一九四八年十一月二十四日，她病逝於療養院，享年八十四歲。

一九八七年五月九日以謝爾瑞筆名發表於西華報

父親節的由來

舊金山的僑社，在舉辦過幾界模範母親的選拔與表揚後，今年，他們又舉辦模範父親的選拔，預備在六月十五日——父親節那天，予以表揚。

自從母親節開始推動後，即有人相繼的倡議父親節。西維勤尼亞州 Fairmont 鎮的克萊頓〔Clayton〕太太也認爲父親也該被重視，便於一九〇八年，請她的教會，在七月五日，舉行了一次父親日的紀念禮拜。因而，有人說，那次禮拜，該是最早的父親節慶祝儀式了。華盛頓州 Spokane 市的達德〔Dodd〕太太，母親早逝，兄弟姊妹六人，都由父親扶養成人。一九〇九年，當她在教堂聽到牧師爲母節節佈道，述說母親的偉大時，她想到的，卻是她的父親。她想到父親的話慈祥，也想到他扶育他們六個孩子的艱辛。她想的越多，越覺得該有個父親節才對。走出教堂，她立即將她的想法，與一些有見識的人討論時，都得到了贊助與鼓勵。次年，她便寫信給 Spokane 教會的領導牧師，希望他建議各教堂，選定六月〔她父親生月〕的一個星期天，舉行一次特別的佈道，提醒教友，該孝敬父親。那位牧師便照著她的意思做了。那次，當她在教堂裡聽到牧師在講台上讚揚她的父親時，覺得非常欣慰。

芝加哥 Uptown Lions Club 的主席哈瑞。米克〔Harry C. Meek〕曾於一九一五年回老家肯塔克省親，回到芝加哥後，便深覺該有個父親節。他將他的想法向會員提出後，也得到良好的反應。大家不僅贊同，還協助策劃，並選定一九二〇年六月二十五日，一個最接近米克生日的星期日，舉行第一次慶祝大會。會中，他們用「Lions Club of America」的名義，送了一隻金錶給他。在那隻錶上，刻著：「給哈瑞。米克，父親節創始人。一九二〇年六月二十五日。」

自那以後，米克先生更熱心的推動父親節，並曾打電話給哈爾亭〔Harding〕總統，請他頒佈一個全國性的父親節，未得到支持。到了柯立傑〔Coolidge〕總統時代，他仍然用電話請總統協助，也沒成功。

倒是達德太太在華盛頓州提倡的父親節，在一九一〇年舉行首次慶祝會後，卻年年都在發展。到了一九一六年，Spokane 市長正式宣佈六月的第三個星期日爲該市的父親節。

威爾遜總統曾在他白宮的辦公桌上，按了一下電鈕，爲該市展開一面慶賀的旗幟。緊接著，華盛頓州長也把它訂爲全州的父親節。柯立傑總統雖然拒絕了米克先生請求，由他宣佈父親節爲全國性的節日，卻也在一九二四年時，建議各州都慶父親節。他說：「這種行動，可使孩子與父親的關係更密切，也可加重父親的責任感。」

自那以後，各州逐漸的都開始慶祝父親節了。達德太太看到她所倡議的節日，已普及全國時，非常興奮，乃進而建議以玫瑰花作爲慶祝父親節的標誌。父親健在者，戴紅色玫瑰，否則戴白色玫瑰。

達德太太畢業於芝加哥藝術學院，是位作家，藝術家，詩人，歌曲作者，也是商人。在這幾種身份裡，她都非常成功。這位「父親節之母」，雖然也業商，卻拒絕了很多想用她做廣告，以推銷父親節禮物的商人的要求。因爲，她不願見到它商業化。

父親節被重視後，除了每家子女在父親節那天，對自己的父親奉爲那天的「王」之外，有些地方，還有了組織，每年一次的選舉「本年之父」（Father of the Year）。不少名人，如杜魯門，艾森豪，威爾遜總統，麥克阿瑟將軍等，都曾榮任過此一頭銜。

現在，旅美同胞也開始選拔模範父親了。這不但可保持中國的傳統，發揚父慈子孝的精神，我們也希望，有朝一日，能看到我們炎黃子孫，能成爲美國的「本年之父」。

我們中國，早在一九四五年，即由政府公佈八月八日爲父親節。俗語稱老者爲「八八」或「巴巴」，後人將「巴」加上「父」字，就成爲「爸」字。因而，父親節也有人稱爲「爸爸節」。我想，當初策劃此節的人，將它訂在八月八日，可能原由在此。

一九八六年五月九日以謝爾瑞筆名
發表於世界日報副刊

過洋節

十一月三十一日，是西洋人的萬聖節，鄰居克拉克太太是日清晨來敲我的門，問我晚上要不要帶孩子隨他們去過節。來這美國人管轄的琉球快三年了，與美國人爲鄰只是近一年的事。雖曾隨他們過了感恩節，聖誕節及復活節，對這萬聖節，還是破題兒第一次。萬聖節的前幾天，美國人的住宅，即開始紛紛佈置起來，每家的玻璃窗上，都貼著人骨頭，骷髏壳等鬼鬼怪怪的圖形。這種佈置，不僅令我感到莫名其妙，也引起了我的好奇心，正打算一看究竟，適逢克拉克太太相邀，於是，我欣然答應了她的邀約，並依照她的指點，於午飯後上街，給我家三個孩子，各買了一個面具，並準備了三個口袋。

晚餐剛畢，還未來得及給孩子們裝扮，克拉克太太已帶著她的孩子來了。匆匆的爲三個孩子套上面具，分給他們每人一個口袋，就隨著克拉克太太就道。

天色已黑，街上已有無數個像我們一樣，三五成群的團體在活動。大孩子們三三兩兩的各自結伴而行，幼童們則由大人伴隨。每個孩子都化了裝，最簡單的是僅戴上一個面具；也有人穿上與孩子年齡不稱的衣服，裝成各色各形的人物；更有人為孩子購置了整套的行頭，從頭至腳扮成各種奇形怪狀的禽獸；更有戴上骷髏頭罩，套上骷髏形的衣服，一副鬼怪的裝束。要不是知道那天是萬聖節，要是沒有孩子們的噪音，當你在黑暗巷子的轉角處，忽然碰上一些如此的怪物，定會將你嚇得半死。

滿街滿巷都是如此的「怪物」在蠕動，到處可聽到敲門聲及「招待不招待？不招待就要搗鬼了。」的叫喊聲。依照美國人的習俗，凡是該晚敲門而來的不速之客，都得待以厚禮，否則，他們有權向你搗鬼，把你的門窗，牆壁，院落等弄得骯髒而不為罪。因而，家家都得準備不少的糖果，糕餅，都得對素不相識的客人，予以殷勤的招待，或是糖果，或是糕餅，總得每人送上一些。至此，我才明白克拉克太太要我為孩子準備紙袋的用意。在街上兜了一圈，孩子們滿載而歸，其興奮之情，自不待言。

我的三個孩子，大的六歲半，小的四歲多，雖不懂萬聖節是何意義，能因而破例獲得大堆糖果，這個印象，在他們的小心靈裡，卻是非常深刻的。因為，近幾天來，他們常會偶然的問我：「甚麼時候再是萬聖節？」萬聖節這個名稱，已為他們記住了。

萬聖節相當於我國的中元節，是個鬼節，是紀念先聖先賢的日子。萬聖節與中元節的義義相同，而紀念方式有別。由於這次的經驗，使我感覺到中國人過節與美國人過節的差異點，那就是，中國人過節，重點在成人，方式是吃喝；美國人過節，重心在兒童，方式是遊樂。萬聖節如此，別的節日，亦多如此。

一九六三年十一月十六日以靜之筆名發表於中央日報副刊

鬼怪的萬聖節

十一月三十一日黃昏後，你會在街頭巷尾，看到一些穿奇形怪狀衣服，戴妖魔鬼怪面具的孩子們，各自提著一個袋子，挨家挨戶的去敲別人的門，口裡嚷著：Trick or Treat〔要惡作劇還是招待？〕

據說，在這個晚上，如果你不用糖果去打發那些孩子們，他們會在你家的牆上塗鴉，或將水果往牆上擲，使果汁四溢，把牆壁弄髒。他們如此搗蛋，卻沒犯法，使你不能追究。因爲，這天是「萬聖節」，要糖及搗蛋，是此節的習俗。因而，爲了避免「小鬼們」惡作訂劇，家家戶戶，都準備好糖果，打發他們。

據說，此節起源於古愛爾蘭，是由愛爾蘭移民帶進美國的。愛爾蘭人的老祖宗塞爾特〔Celt〕人的 Samhain 節，是慶祝夏季已過，一年已經結束。此節訂在十一月三十一日，這天，他們舉行慶典，感謝太陽神，使他們平安的渡過了一年，並利用這個機會，祭祀逝去的親人。愛爾蘭人都信 Druid 教，他們認爲，當年死去的人，在 Samhain 節這天，必聚在一起，選出一些回家探望親人的人，去作弄活人。因而，每戶人家，爲了驅逐魔鬼，防止他們搗蛋，在該節的前幾天，都要自家的小男孩，出去尋找木材，將它們堆在一座山頂上，等到十一月三十一日的晚上，將木材燃燒，用火光照明各處，使鬼不敢出現。大家也各自打扮一番，聚集一起，圍著那堆火，唱歌，跳舞，講故事，盡情的歡樂。漸漸的，有人在玩得興奮時，裝成魔鬼的樣子，假裝向火中撲去，或跳過火燄的姿勢去嚇人。

他們相信，在他們圍火作樂之際，魔鬼雖不敢接近，卻在另一山上聚集。因爲，有人說，他們看見天上，會不時有騎著掃把的女巫經過，去參加魔鬼的聚會。有的人還說，他們聽到那兒傳出的風笛聲，及人骨敲打的聲音。他們也相信，杜松與銅鈴，都是驅鬼的靈符。因而，有人會在那天，燃燒一束稻草，將火燄向空中掃去，使鬼不敢接近。農人則在牛棚或馬房前，掛上一束松枝；或把銅鈴，套在牛馬的頭上。

基督教興起後，新教與舊教鬥爭激烈，基督教爲了籠絡異教徒，於八世紀時，將十一月一日訂爲 All Saints Day〔萬聖節〕，並說，他們已將各教的神聖，都歸納在一起了，要大家在這一天，祭祀各神聖。如此一來，因十一月一日是萬聖節，十一月三十一日便被保險人稱爲「All Saints Eve」〔萬聖夜〕，使人把慶 Samhain 與萬聖節相混淆。這樣一混，年積月纍，便產生出 Halloween〔現稱的萬聖節〕這個名詞，把早年塞爾特人的風俗，與基督教的用意，混在一起，成爲今日慶萬聖節的方式了。

但是，當時一些頑固的 Druid 教派的人，對基督教那一套，不以爲然，他們除了繼續慶 Samhain 節外，更在那天，做些與基督教敵對的事。他們或在基督教堂的牆上，畫些污穢的十字架，或把枯骨供在神龕裡，去作弄基督教。卻沒料到，那些惡作劇，竟會遺留萬年。成爲今日慶萬聖節不可或缺的玩藝了。

現在，孩子們在萬聖夜，家家戶戶要糖果，是由塞爾特人要孩子尋柴火演變而來；裝扮成妖魔鬼怪及女巫，是由在山頂生火驅鬼而起；把別人的牆壁弄髒及用枯骨裝飾等，則因敵對基督教而產生。至於南瓜燈，卻是另一個故事：

傳說愛爾蘭有個名 Jack 的人，既吝嗇，又酗酒，他的作爲，是死後必入地獄的。一天，他遇到一群地獄的小鬼，便把他們帶到一株蘋果樹下，對他們說，樹上的果子，很甜汁也多，非常好吃。小鬼們聽了，都一個個的爬上樹去，要採蘋果。等他們都爬上去後，鬼計多端的 Jack，立即在樹幹上，畫了很多十字架，阻斷了小鬼們下樹的途徑。小鬼們向他求饒時，他利用機會，提出條件，要小鬼們在他死後，別將他打入地府。爲了下樹，小鬼們只好答應了。

不久，Jack 去世，閻羅王將他打入地獄。但是，地府的小鬼們很守信用，遵守諾言，沒讓他進地府，他便問道：「我該去那兒？」

「去你來的地方」小鬼們答道。然後把他放走了。

當時，天已黑，小鬼便送給他一塊煤，讓他燃燒做路燈。他走了很久，肚子餓了，找到一個很大的菜頭，便將菜心挖出來吃掉，然後將煤塊放入空心的菜頭裡，做了他的燈籠。自那時起，他每天都提著自己創造的燈籠，東奔西跑的尋找他的歸宿。

以後，愛爾蘭人便學 Jack，用菜頭做燈籠，並叫 Jack-o-Lantern。後來，也有人用馬玲薯做那種燈的。早期愛爾蘭人移入新大陸後，發現美國的南瓜很好，用它做燈，大些也美些，便開始用南瓜做起 Jack-o-Lantern 來了。

現在，每逢萬聖節時，各超級市場的門前，都堆著大大小小的南瓜。大家買回家，除了將心挖出，並雕成有眼，鼻，嘴的臉形的 Jack-o-Lantern 外，也用作萬聖節的裝飾品。

過去，孩子們出去要糖，都很安全。可是，數年前，有人真的惡作劇起來，或在糖果裡下毒，或將大頭針插入糖裡，甚至還有孩子在要糖時失踪的，因而，警方除了將要糖的時間提早外，也呼籲大人陪伴孩子，回家後，仔細檢查得到的糖果，再讓孩子吃。

一九八七年十月三十一日
以謝爾瑞筆名發表於西華報

感恩節與火雞

美國的很多節日，都是隨著早期移民自各處帶入新大陸的，也都或多或少的，承襲了原有的習俗。但感恩節卻是個道道地地的美國節日，發祥於麻薩諸塞州的普利茅茲鎮。

從這個節日的名稱，我們可以清晰的了解它的意義。因爲，「乘五月花號」的一百○二名移民，於一六二○年登上普利茅茲時，已近嚴冬，而那個冬天，又特別寒冷。疾病及饑餓的熬過冬季時，他們的成員，已死亡了半數。春天到來，他們開始耕種，可是，他們種下的大麥，小麥，都沒有長出，甚至蔬菜，也收穫甚少。當他們快瀕臨絕望時，一位名Squanto的印第安人，便指導並協助他們種玉米，使他們有了豐富的收成。他們認爲，那是神的恩賜，使他們不必再有饑餓之虞，便決定舉行一次盛大的謝恩會，祝賀他們第一次的豐收。

爲了使大家吃得痛快，他們的總督威廉。布萊福特便派了四個人出去打獵，卻沒料到，只一天功夫，便獵獲了足夠大家吃一週的野味。在那些獵物中，火雞的數目最多，布萊福特非常高興，一時興起，便把當地的九十多名印第安人，全請去與他們同樂。而那些印第安人，也帶了五隻鹿給他們。有了豐富的食物後，他們的興致更高，大喝大吃的足足玩鬧了三天，揭開了感恩節的史頁。

其實，早在一六〇七年時，抵達維琴尼亞傑姆士鎮的首批移民，曾於一六一九年，舉行過一次類似的慶會。因爲那次的慶會，只有住在傑姆士鎮西邊的一小撮人參加，而未被重視。因而，普利茅茲便成爲感恩節的發源地了。

現在，每逢感恩節，普利茅茲的人，慶賀的最熱烈，他們除了舉行紀念會，也有遊行的行列，凡參與遊行者，都穿戴他們先祖第一次慶感恩節時穿戴的服飾。

一六二三年，麻州大旱，農作物幾被枯死，普利茅茲的人一起祈禱了一整天之後，果獲甘露。同時，也有一條船駛往那兒，不僅爲他們帶來了一些昔日舊友，也載來了豐富的物資。爲此，他們又舉行過一次感恩盛會。

自那以後，定居在其他地區的人，也逐漸有類似的節慶，在不同的日子舉行。因而，大陸會議便開始有人倡議全國性的感恩節。研討了很久，直到一七八九年，華盛頓當選爲第一任總統後，才首次規定十一月二十六日以後的星期四爲感恩節。但是，因爲宗教派系的關係，及農人與牧人對季節好壞的看法不同，有些地方，仍各行其是，對總統的規定，未予理會。

傑佛遜總統對政府與宗教的衝擊，非常敏感，他對感恩節的有無，毫不在意，因而，在他的兩任期內，感恩節也就無形的被廢棄了似的。一八一五年，邁德森總統上任後，重新提倡，但有的地方，仍各行其是。到了一八二七年，波士頓婦女雜誌的創辦人Sarah，看到總統的命令無法通行，乃出面推動。她一方面撰文呼籲讀者響應，一方面分別寫信給一些有影響力的人士，經她不倦不休的努力了三十餘年，終於，林肯總統再於一八六三年，宣佈十一月最後的星期四爲感恩節——一個國定假日。

從那時開始，直到現在，除了羅斯福總統爲了協助商人，使他曾於一九三九及一九四〇兩年把感恩節提前一週外，其餘各總統，都依林肯的規定，以十一月最後的星期四爲感恩節。

過去的人慶感恩節，宗教意味較重；現在的人慶感恩節，則在於吃與玩。普利茅茲的人，舉辦首次感恩會時，除了玩各種遊戲及球類外，也表演射擊技藝，供印第安人欣賞。因而，自十九世紀開始，新英格蘭的人慶感恩節，必舉行打獵及射擊比賽等活動。別的地方，也逐漸有類似的活動。一九二四年起，直到現在，每逢感恩節，紐約必有一次壯麗的花車大遊行。近些年來，好萊塢，費城等地，也有過慶感恩節的遊行行列。由此可知，美國人慶感恩節的熱情，正方興未艾。美國人最喜愛的橄欖球賽，亦都在感恩節前開始。只要留意，橄欖球賽在密鑼緊鼓的一場接一場的在舉行時，你便知道，感恩節即將到臨。

過感恩節，大家都吃火雞。據說，是因爲普利茅茲第一次的感恩會，獵獲的火雞最多，是那次宴會的主要食物，流傳下來，火雞便成爲感恩節不可或缺的食物了。但是，也有人研究過，說布萊福特在那三天吃的，沒有火雞。以後各殖民地舉行感恩會時，也多就地取材，豬牛肉，魚蝦，雞鴨都用，未見有火雞者。於是，有人猜測，過感恩節吃火雞，可能始於富蘭克林總統的建議。因爲，他喜愛火雞，認爲牠的氣質很高，令人見而起敬。他最討厭老鷹，說牠性惡，見牠，會使人想到強盜及刻薄的人。不幸的是，美國的國徽上，卻有一隻老鷹。他曾非常遺憾的說：「火雞是我們的道地產物，最能代表我們的國家，我真希望當初我們選火雞不選老鷹。」

火雞的英文名字是Turkey。有人說，哥倫布的人登上新大陸後，看到那種很不尋常的野禽時，有人驚奇的大叫「Tukki！」（希伯來語「大鳥」的意思。）逐漸演變，Tukki變成了Turkey。也有人說，英國有種原產非洲幾內亞的鳥，是經由土耳其（英文名Turkey）傳至英國的，因而，英國人稱之爲Turkey。當時，普利茅茲的人獵獲的大鳥，與他們在英國見到的Turkey相似，便將那些大鳥，也稱爲Turkey。我們中國人稱之爲火雞，不知是否因爲牠有紅色的肉瘤及肉瓣，其紅似火，因而得其名？

一九八六年十一月十六日

以謝爾瑞筆名發表於世界日報副刊

聖誕節的故事

不管世界各國原有的宗教為何，到了二十世紀的今日，幾乎沒有一個國家，沒有基督徒的。因而，每年十二月，無論你走到那裡，無不看到聖誕裝飾，聽到聖誕歌曲。現在，聖誕節幾已成為全球性的節日，而且，全球的人都相信，耶穌生於公元元年十二月二十五日。

其實，在聖經裡，無法找到耶穌出生的年月日。聖經上只說，耶穌生時，有明亮的大星出現，三位朝聖的三位東方博士，便是隨着那顆星找到耶穌降生的馬房的。因而，有人認為，如照聖經所說，再依猶太的地理情況判斷，耶穌生日，或為夏季，或是初秋，決不會是十二月。因為，十二月是猶太的雨季，不可能有明星出現。但因無人知道他確切的生日，在他生後甚至死後的兩三百年間，從未有人為他慶過生。直到公元四世紀，摩尼教開始重視耶穌的生日時，認為摩尼教為異教的基督教，為了抵制摩尼教，才正式訂定十二月二十五日為耶穌生日，開始為耶穌慶生，並將它稱為「聖誕節」。

十七世紀，英國清教徒當政時，他們認為聖經上既未指出耶穌生於十二月二十五日，在那天慶聖誕，是無稽的行為，乃反對過聖誕節，甚至還在他們的圓桌會議中，立法禁止，違者嚴懲。當時的人，一面繼續暗中過節，一面竭力抗議，迫使該法只行了二十年左右，便告廢止，使大家又可光明堂皇的歡慶聖誕了。

聖誕節在美國

十七世紀，是歐洲人紛紛移民新大陸的時期。當時的麻薩諸塞州也是清教徒當政，他們也在那兒立過法，禁止慶聖誕節。最早在新大陸慶聖誕的，是住在維吉尼亞的美國人。以後移入的人，也多慶聖誕節。至十七世紀末葉，過聖誕節的風氣，已普及全國。於是，阿拉巴馬州首於一八三六年將它定為法定節日，然後，其餘各州紛紛響應。至一八七〇年時，聖誕節已成為國定假日了。

美國是由各國移民組成的國家，各國移民都或多或少的將他們原有的習俗帶進了新大陸，使美國的聖誕節也最多姿多采，有各種慶祝方式。

賓夕法尼亞的荷裔喜愛佈置耶穌誕生的情景，馬房，馬槽，駱駝，樣樣都有；而該州的瑞典人，會在他們的聖誕圈上，插着蠟燭，每晚點燃；新英格蘭地區的人，必在聖誕夜唱歌，搖鈴，大聲喊叫，以表示他們的歡樂；每逢聖誕夜薄暮之際，加州東部的約笙米提國家公園裡，會有一些戴着白帽方巾，穿著似古英國僧人袍服的人，背上揹著塊木頭，口裡唱著聖詩，走進一個旅館，取下背上的木頭，放進一個大火爐裡，然後，有人用去年燒剩的木塊引火，將新木燃燒。這種燒聖木的風俗，是英國人帶進新大陸的；紐奧良的法裔最多，他們的孩子在聖誕夜，盼望著送禮物給他們的，是Papa Noel（聖．尼古拉斯）而不是聖誕老人。

聖誕老人並不老

我們東方人受美國傳教士的影響較深，對聖誕節的 知識，多從美國人得到的。我們認識的聖誕老人，是那肥肥胖胖，穿白邊紅衣，戴垂肩長帽，長了滿臉白鬍子，嘴裡不時發出「呵！呵！呵！」之聲的聖誕老人。而且，以爲他是隨著聖誕節的產生就出現的，是全世界的孩子在聖誕夜等待著的。殊不知，他只是根據十九世紀時美國享有盛名的漫畫家 Thomas Nast 筆下的人物塑造出來的，不過一百多歲而已。而且，也只有美國孩子，才盼望他從煙囪鑽進屋裡，把禮物放在聖誕樹下。

德國孩子所期盼的，是個叫 Kris Ringle 的聖童，他們認爲，在聖誕夜，那位聖童，會騎著白色驢子，從鎖洞孔鑽進屋裡，把禮物送給他們。意大利的孩子相信，他們的禮物，是由一位滿臉皺紋的老婦人 Befana 揹去的。英、法、德、俄、奧、瑞士、荷蘭及希臘等國的人，都崇敬尼古拉斯，只是稱呼有異而已。聖。尼古拉斯，據說是位非常慷慨的人，常濟助窮人，也會在聖誕夜，送禮給孩子們。荷蘭孩子在聖誕夜上床之前，必在火爐旁放一雙木鞋，鞋內舖了一些稻草和一個蘋果，他們說，稻草是給聖。尼古拉斯載運禮物的駱駝吃的，蘋果是爲牽駱駝的聖。尼古拉斯的僕人準備的。中東各國是由裝扮成朝聖的三位博士，騎著駱駝把禮物送給孩子的。而西班牙送禮物給孩子的，只是三位博士之中的 Balthazar。斯干的那維亞的孩子都覺得，他們的屋樑上長年住著一位小精靈，他們在聖誕節收到的禮物，便是那位小精靈給的。

聖誕樹流傳的說法

聖誕樹是目前過聖誕節不可或缺之物，進十二月，家家戶戶開始在家裡豎起一株聖誕樹。美國各政府機構，也是如此。白宮的南花園，每年必豎立一株高達六七十呎的大樹，佈置好後，也必由總統主持點亮聖誕燈的儀式。各大城市，也都極力裝飾他們的聖誕樹。

聖誕樹也不是隨聖誕節而同時產生的，它的興起，僅四百多年而已，始於德國。有人說，十五六世紀時，德國教士佈道時，將異教徒的一顆橡樹推倒後，發現那大樹的後面有一株碧綠的小樅樹，他便指著那株樅樹對大家說道：「你們看，那樹的葉子長年翠綠，是象徵著永生。你們的房子是用樅樹建造的，我覺得你們應將此樹視作聖樹，應該把它放在家裡。」從此，便有人開始在聖誕節時在家裡豎起一顆聖誕樹。也有人說，把樹搬進屋瓦裡，是受了當時傳頌一時的戲劇「天堂」的影響。那戲演的是亞當與夏娃偷食禁果的故事，而舞台的佈景，有株樅樹，樹上掛滿了蘋果，看過的人都認爲那樹非常吸引人。於是，聖誕節時，便有人摹仿，在家裡豎起一株樅樹，樹上除了蘋果，還掛些餅乾，麵包切成的心及星等物來美化這種樹。聖誕樹在德國流傳了兩百多年後，才開始傳到世界各地。

美國在十九世紀時才有聖誕樹。一八三〇年，有幾位德國人分別在紐約及賓夕法尼亞州，各自裝飾了聖誕樹，賣門票供人參觀。自那以後，聖誕節來臨時，各大商店及俱樂部都開始豎起了聖誕樹。接著是各教堂，然後是每戶人家。至十九世紀末葉，聖誕樹已爲慶聖誕的重心了。一八七七年，費城的 Weekly Press 說：「過聖誕節，如果沒有聖誕樹，就像跳舞時沒有音樂伴奏，詩缺乏韻律一樣的，令人乏味。」

早期聖誕樹的裝飾，多就地取材，各出心裁，隨意裝扮。現在，不僅樣樣可買，也越來越漂亮，越來越多花樣了。而且，還有閃爍的電燈。

用電燈裝飾聖誕樹，是一九一二年才開始由美國傳開的。那年，紐約及波士頓開風氣之先，用電燈裝飾他們的聖誕樹。

聖誕卡的年歲也不高

除了聖誕樹，聖誕卡也是聖誕期間必有之物。感恩節一過，大家第一件想到的事，便是寫聖誕卡，寄聖誕卡了。在工業社會的今日，大家都終日忙碌，鮮有時間寄信與親友聯繫，於是，大家都利用聖誕卡，一年一次的向親友報平安，告住址。一張卡片，不但賀了節，拜了年，也聯繫了友誼，是一舉數得的事。因而，聖誕卡需求量也越來越多。根據報導，僅是美國，每年銷售的聖誕卡，竟有二十多億張。

過去的人，會在聖誕期間寄信向親友賀節，到了一八四三年，英國的一位公爵靈機一動，想到了用卡片代替信函，乃請當時的藝術家爲他設計。卡片製出後，那位藝術家也試著向市面推出。出於他的意料之外，一推出就廣受歡迎，第一次便賣了一千多張。從此，他每年的銷售量，越來越高，而聖誕卡也越來越普及。

美國的聖誕卡，也是先由德國人發行介紹的。一位名 Louis Prang 的德國人移入美國後，便在波士頓開了一家石印店，到了一八七五年，他的石印技術已進步到可用很多種彩色的時候，便開始印製聖誕卡出售。發展至今，不僅聖誕卡的種類繁多，內容也各有特色，使人有充分選擇的機會。

聖誕紅有個動人的故事

我們稱爲聖誕紅的樹，美國人叫 Poinsettia，原產墨西哥及南美，由墨西哥傳入美國，再傳到其他地區。據說，墨西哥有個村莊，他們的習俗是，凡是聖誕夜進入教堂朝拜聖嬰的人，必須帶份禮物獻給聖嬰。有一年，有個男孩，家道貧窮，沒有禮物，卻非常想進教堂去看聖嬰。無法進教堂，他便跪在教堂前的雪地裡，虔誠的祈禱。等他祈禱完畢，睜開眼時，發現一棵像花的樹，長在他下跪的地方。於是，他便摘了一枝，拿進教堂當作禮物呈獻。墨西哥人認爲該樹是在聖誕夜出現的，而它的葉形又像出現於伯利恆的明星，乃稱它爲聖誕夜之花。美國第一位往墨西哥傳教的牧師 Poinsett，在一八二八年將它帶進美國，再由別的傳教士帶往別的國家。美國人爲了紀念那牧師，便將該樹稱爲 Poinsettia。

冬青，月桂，槲寄生

除了聖誕紅，月桂及槲寄生等植物，也是聖誕節的飾物。依照基督教的說法，冬青樹上的小紅果，是耶穌被釘在十字架上流出的血；冬青葉周圍尖利的角刺，表示耶穌所受的苦痛。古人相信，冬青可以防魔鬼，避雷電，是吉祥之物。

月桂是古人慶冬至必備之物。古羅馬及希臘人，喜歡用它做花圈。月桂也代表勝利，基督教戰勝天主教，使他們信奉上帝，不拜太陽後，月桂便成爲聖誕節的飾物了。槲寄生長有白色似光的小果子，古羅馬人愛用他作爲新年禮物。古斯干的那維亞的人說它有和平的神力，敵人走到槲寄生樹下，會喪失戰志，放下武器，宣佈停戰。現在，聖誕期間，花店裡有一束束的槲寄生出售，有人買回家作聖誕節的點綴。有些女士，還佩戴在衣襟上，可見它之受人歡迎。

一九八六年十二月二十四日

四、瑣事閒談

我們有相同的文化

前幾天，我們一行四人，前往一中菜館晚餐，女士們走在前面，男士們跟在後面。當我們在前面的人，正舉手要拉開門時，裡面兩位約三十來歲的男士，已將門推開。因爲門是他們推開的，我們便作手勢，讓他們先出來。他們卻撐著門，要我們先進去。本著"Lady first"的美國習俗，我們女的，就不客氣的先進去。跟在我們後面的男士們，等我們進去後，也客氣的要那兩位男士先出來。可是，那兩位先生，仍撐著門，要兩位老先生先進去。也許他們猜到我們是中國人，也許他們聽到我們說中國話，等兩位老先生進門後，那仍撐著門的先生，對走在後面的外子說：「我們是蒙古人，我們有相同的文化〔意思是尊老〕」。我們坐下後，外子特將那兩句話告訴我們。蒙古人竟認同我們的文化！席間，大家便繞著這個話題，異口同聲的感嘆。

我國元朝，是蒙古人統治的時代，其末代皇帝順帝被逐出中原，回到蒙古後，仍統治該地，直至清康熙十四（一六七九）年，才歸服中國。清朝末年，因受俄國慫恿，於一九一一年，宣佈獨立，國號大蒙古國。當時，因中華民國剛成立，爲求外國承認，便於一九一三年，承認蒙古的自治權，但是，蒙古也承認中國之宗主權，不否認其爲中國領土的一部分，直至一九四五年，才正式脫離中國，變成蒙古人民共和國。現在，只簡稱蒙古。

蒙古，他們雖有自己的姓名，語言，文字及風俗習慣，然在元朝立足中原的九十餘年，及在我國兩百多年的統治下，自然會承受中國文化的薰陶與濡染。然而，我們遇到的那兩位年青的蒙古人，離那種濡染，已很遙遠，爲甚麼他們還認爲他們與我們有相同的文化？我想，是家庭教育使然吧！是他們的祖宗，代代相傳的教導他們的結果吧！

反觀現在，一些道道地地的中國人，他們的姓名，語言，文字及風俗習慣，都是中國的，卻要否認自己是中國人，還千方百計的要消滅中國文化，推行去中國化，怎不令人感嘆！

二〇〇五年五月二十二日

發表於世界日報家園版

ABC孩子天生美國胃？

常聽一些家有ABC孩子的人說，她們家的孩子，只愛漢堡，薯條，披札等西方食物，不肯吃中菜。最近，在家園版讀到兩篇文章，一篇說她的孩子「生了個美國胃」，對她精心調製的中菜不捧場，還時有抱怨，使善調中菜的她，漸覺燒飯成了苦差事。另一篇道出，她家要上館子時，喜中餐的老子，總會與愛西餐的兒子鬥嘴，老子說cheese很臭，孩子則說，中菜看起來很"yucky"，吃起來"sick"。過去，也在報上讀到，有人每天必須燒兩種不同的菜，中菜爲大人，西餐爲孩子。聽到或讀到這些故事，使我覺得非常奇怪。因爲，父母都是中國人，生出的孩子怎麼會有「美國胃」？如果孩子自小跟著家人吃中菜，他們怎會偏好西方食物？就像大多數的中國人，只愛中菜，不喜西餐，是因他們吃慣了中餐，只有中菜，才合口味。由此可知，吃的習慣，是從小養成的。孩子小時，如果媽媽不特意燒西菜給他們吃，而是吃全家人吃的東西，他們沒有吃西菜的習慣，又怎會去偏愛美國食物？

我深深的相信，吃的口味，是從小養成的。如四川人愛吃辣的，江浙人卻怕辣；中國人認爲難以下口的 cheese，洋人卻偏偏愛它。我有位從未接觸過中國人的洋朋友，首次請我夫婦去他們家晚餐時，那位太太，特意做了一些 cheese 丸子作餐前點心，表示她對客人最好的款待。可是，她那知道，她的精製品，很難進中國人的口。兩個朋友遊歐洲時，頓頓西餐，使她們非常想吃中菜。一天，她們在一城裡，看到有家中菜館，甚高興，便走進去。可是，那時餐館已打洋，廚師已離去。老闆得知她們多日未吃好吃飽後，好心的要她們到廚房去看看，能燒甚麼。她們走進廚房，自己做了一盤炒飯。她們說，那炒飯，是她們吃過的炒飯中最好吃的。因爲，她們吃慣了中餐，在渴求時，一盤簡單的炒飯，便滿足了她們的食欲。

我們插足美國社會時，我家孩子，大的三歲多，他們是在西方社會成長的。在學校，他們吃西餐，在家裡，大家都吃中菜。偶而，我燒頓西餐，他們高興；中菜上桌，他們也吃得津津有味。總而言之，我做甚麼，他們吃甚麼。在家裡，他們從未要求非吃漢堡，薯條或披札不可。與那些 ABC 孩子相比，他們還很喜歡中菜，包括有一半洋血液的，我們的三個小外孫在內，從未聽他們說過，中菜看起來 yucky，吃起來 sick 的。小蘿蔔頭們從加州來我們家時，我問他們想吃甚麼，他們每次開出的菜單，都是餃子，蔥油餅，滷肉，烤鴨等。他們一定要吃到這些東西後，才算愉快的完成了他們的旅程。這個夏天，他們來時，我做了一盤肉絲炒豆腐干，九歲的外孫女吃後問她媽媽：「你能不能做這個菜，給我帶到學校做午餐。」他們家，與我家一樣，不專爲孩子做與大人不同的食物，因而，孩子們沒有偏好西餐或中餐的習慣。

我覺得，孩子偏食，做父母的應負很大 的責任。如果不特別爲孩子燒西菜，沒讓他們養成吃西餐的習慣，他們怎會不肯吃中菜？爲了不必爲「今天吃甚麼？」而煩惱；爲了上館子時，避免喜吃中餐的老子與愛吃西餐的兒子有爭執；也爲了免除主婦每天燒中西兩種菜的辛勞，最好的辦法，是別爲孩子做特別餐，培養他們對中西餐都吃的習慣。

二〇〇二年十二月一日發表於世界日報家園版

洋人「請」吃飯

與美國人接觸多了，便知他們的觀念，有很多與我們中國人截然不同的。以上館子為例，中國人與朋友聚餐，飯後大家搶著付錢；而美國人「請」客上餐館，有些主人，餐後卻要客人自掏腰包。

不久前，布希總統在白宮後院，請他耶魯大學同期的同學們晚餐，但是，被請的人，每人需自付餐費，少者一三五元，多者一九五元。白宮的人說，如此，政府就不會爲總統私人的宴會而花費了。

公私分開，私人宴客，不該用公費，總統亦然，是好現象，值得贊揚，也該向他們學習。尤其是公私不分，愛公費私用的台灣大官們，更該好好的學習。

現在，筆者要談的，不是公費私用的問題，而是美國人「請」客的作法。布希總統，也是大富翁，請人用餐的費用，對他來說，是九牛一毛，然而，他卻要客人自掏腰包。如果你與美國人接觸多些，便會瞭解，那不一定是布希小氣，而是美國人的觀念使然。

對我們中國人來說，既然說「請」，主人就得真正的「請」。然而，對美國人來說，那個「請」字，有的是真的請吃請喝，有的只是請你參與那個場合，餐飲的費用，必須自己負責。這是筆者從經驗中得來的。

外子工作的機構，有次來了一位新人，有位同事爲了迎新，「請」了幾位同事上餐館，我們也在被「請」之列，便欣然前往。不料餐後，那位「請」我們的主人竟向大家收集餐費，包括那位新人在內。這是我第一次嚐到美國人「請」的滋味。

外子工作的機構，有很多分機構。一次，他與副局長一同出差香港，爲分享外子由公家安排及負擔的旅館，我趁機前往遊玩。他們公畢的那天晚上，當地的局長要盡地主之誼，「請」副局長及我們去一家中菜館。餐後侍者送上帳單，主人看後算了一下，然後告訴我們，每人應付多少錢。這是我再一次嚐到美國人「請」的滋味。

由此可知，有的美國人「請」客，尤其是上餐館時，不管主人的地位多高，多麼富有，都是要客人自掏腰包的。因而，當洋朋友請你上餐館時，不管他們是真請，還是假請，最好帶些錢，以免到時掏不出來。

二〇〇三年七月十三日發表於世界日報家園版

數字的迷思

最近，在報上讀到一條美聯社自泰國曼谷發出的消息，泰國政府將一些泰國人喜愛的數字的汽車牌照，舉行拍賣，其中一塊「9999」的，竟賣了美金九萬五千兩百元，比一些名牌車，還要貴些。然而，愛名也富有的人，仍爭相購買。那位買到「9999」的人說，這個號碼，會帶給他幸運，將來出賣時，會賺很多錢。

在泰國，幸運的車牌號碼，代表富裕及聲望，是令人羨慕的。「九」在泰國人的心裡，是幸運的象徵。可是，對廣東人來說，卻是個難聽的字，不能隨便使用，甚至與其同音的「久」字也是。

十餘年前，筆者在一僑報任編輯時，將一篇介紹一家餐館的報導，標題爲「歷史久的xxx」，廣冬籍的社長看後告訴我，不能用「久」字。我覺得奇怪，便問：「爲甚麼？」回答是：「因「九」與「久」在廣東話中，與「狗」同音，含侮辱之意。」我只好在「久」前，加個「悠」字，成爲「悠久」，使她不再忌諱。

那是我首次發現，廣東人對數字的迷信。他們不喜歡「九」，卻很愛「八」，因廣東音「八」近「發」，表示發財。記得多年前香港的車牌號「8888」出籠時，也曾有人出高價爭購。

日本人也忌諱用不吉利的同音數字。如日本的「四」字，其音與「死」相同，因而日本用盒裝的貨物，如茶杯，酒杯，碗等，裡面都是五件，是看不到四件的。

西洋人忌諱的數字是「13」，尤其是「13」號又是星期五，被認爲是不好的日子。他們爲何討厭「13」？筆者未找到原因。至於「星期五」，則與基督教有關，因耶穌是在星期五被釘在十字架上的。迷信的人認爲，此日是不吉利的日子。古代有段時期，所有犯罪的人被判死刑後，都在星期五執行。因而，當時的人稱星期五爲「吊人日」，使得大家都不喜歡星期五。

美國賣舊貨的人常用的兩句話：「你家的破爛，可能是別人的寶藏。」這話用在廣東人與泰國人對「九」的想法，是最好的寫照。由此可知，數字本身無好壞，其「好」或「壞」，是人的想法使然。我覺得，最好的驅邪法，是不去計較那些數字。

二〇〇三年九月九日發表於世界日報家園版

好司機

朱小燕女士在世副上的「我們都是外來的」一文，說溫哥華一公車司機，侮辱一位亞裔婦女的事，幸有一位同車的年輕女子，措詞強硬的寫信給市長，議會及公車處，爲受辱者打抱不平，才引起了社會對種族問題的注意。

我的一位朋友，在台北乘公車時，上車後還未站穩，司機便採油門，開車上路，使她當著司機的面，摔了一跤，那司機卻視若無睹，毫無歉意。司機與車掌的惡劣態度，我想，不少在台灣乘過公車的人，都有經驗。當然，不是所有公車司機都不好，我相信，他們之中的多數，是肯爲乘客著想的。

來到美國之後，外出，總是駕車，很少乘公車。但是，在偶而乘公車時，就使我覺得，西雅圖的公車司機，不僅態度和善，還特別會照顧他們的乘客。如果你上了車，不知該在甚麼地方下車，去問司機，只要將你的目的地告訴他，他就會告訴你該下的站名。如果你怕錯過，還可進一步要求他：「到時請你告訴我一聲」，他會點頭。到了那一站，他便會大聲的報出該站的名字，使你不致錯過。

一次，在一個公車站，乘客上車後，車子已開離車站，司機看到一個要趕那班車的人正快步跑來，他立刻將車子停下，等那人上車。又一次，有個白癡型的人坐在車子的最前面，司機見他久未下車，便問他要去那兒。過了一會，可能是到了那人說的地方而他未下車之故，司機又問他，耽心他走過了頭。不久，我下車了，那人是否錯過了該下車的地方，就不得而知了。我想，以西雅圖地區公車司機對乘客關心的素養，即使那人錯過了該下車的地方，他也會設法使那人去該去的地方的。最近，在報上得知，有位司機，與乘客的關係特別好，有些人，寧願錯過別的車次，一定要等著乘他的車。

我這個很難乘公車的人，就在那僅有的幾次中，讓我看到西雅圖一帶公車司機服務的態度。不知美國其他地方，是否如此？但是，我可猜到，台灣沒有這樣公車司機的。

西雅圖公車司機好，是公車公司對司機訓練有素的結果，也與公車公司爲民服務的精神有關。在西雅圖市區內，至其南端的中國城止，乘任何路線的公共汽車，都是免費的。這情形，不知是否西雅圖獨有？

二〇〇二年十月四日發表於世界日報家園版

慎審「垃圾郵件」

每天從信箱拿回的一大堆郵件中，百分之九十八，甚至百分之百，都是「垃圾郵件〔Junk mail〕」。所謂「垃圾郵件」，指的是銀行，信用卡公司，電話公司，電視公司，健保機構，房地產公司，保險公司，雜誌社等……各行各業拉客的廣告；慈善組織，孤兒院，退伍殘障軍人協會，盲人協會等募捐的；還有推銷墓地的，說你已中大獎的，投資可獲高利率的……，真是五花八門，樣樣都有。對這些垃圾，有的可不加思考的丟到垃圾桶裡，有的卻令人動心而躍躍欲試。但是，那些說的天花亂墮而使人動心的，多是騙人的。因而，對那樣的信，千萬別信以為真，應仔細的看明白，尤其是信底下的小字，更該看清楚，才不會上當。

幾年前，佛羅里達州一家雜誌社，寄了一張證件給加州的一位居民，說他中了一百萬元，那位先生，便興高采烈的買了機票，飛往佛羅里達。可是，當他到那家雜誌社去領獎時，得到的回答是：「那獎券下面一段（很小的字）寫著，你須參加抽獎後才能決定中了沒有。你沒有照規定參加抽獎，怎會中獎？」那位先生，拿出獎券，仔細看後，無話可說，只好白跑了一趟，損失了機票錢及時間，加上旅途的勞累。

不少雜誌社，都會用中獎爲餌，誘惑讀者訂他們的雜誌。一位朋友的老父，接到雜誌社給他一張中獎的證件說，只要他訂些雜誌，就可參與抽獎，有機會中那個大獎，他照著做了。如此一次又一次的收到中獎的証書，他也一次又一次的訂購一些雜誌，多年下來，他的家裡堆滿了各種雜誌，卻從未中過獎。

不久前，筆者收到一封信，裡面有張兩元五角的支票，信中鼓勵你立即去兌現，並說，當你兌現後，我們會馬上寄四張五元的減價券（coupon），可以在你購物，或繳電費，煤氣費時，減掉五元。

我與那公司毫無淵源，他們憑甚麼要給我那些錢？想到天下沒有白吃的午餐，我便仔細的研究那封信，發現信中最後一段說：「在你接受那張支票及減價券後，你便成爲我們的會員，只需繳年費六十九元，我們就會再寄些減價券給你，用它們去購物，可省很多錢。」信中也說：「當你將那張支票兌現後，憑你的簽名，你已授權我們，可將你信用卡的資料，供給與我們有關的公司行號。」爲了一張兩元五角的支票，需付六十九元的會員費，還出賣了信用卡的資料，是否值得？而且，你收到的 coupon，並不都是用得著的。即使你認爲有用的，當你去用時，也不一定會被承認，對此筆者曾親身經歷過。

數年前，筆者在一家銀行開戶頭時，該行送一本 coupon 給我。那時，我們正要去鹽湖城，抵達後，便持著那本 coupon，前往其中的一家旅館，雖然白紙黑字，清清楚楚的說該旅館可打折扣，然而，那旅館的人，就是不肯承認。由此可知，那些厚厚的一本 coupon，並不都有效。

談到 coupon，我個人的經驗是：每週從報上剪下的，或夾在報紙裡送的，用去購物，的確可獲得減價，省不少錢。可是，很厚一本的，時效較長的，可用於各行各業的，有的有效，有的卻不竟然。

總而言之，處理垃圾郵件，必須特別小心，別貪小便宜，才不會因小失大。尤其是說投資可獲高利的，更別信以爲真，否則，不僅拿不到高利息，本錢極可能會賠進去。在報紙及電視上，我們常看到有人因貪高利率而將資本全部損失的新聞，不能不引以爲戒。

二〇〇二年四月有日發表於世界日報家園版

從睡衣談到洗碗槽

日前，美聯社自上海發出的一篇報導，述說上海很多人，無論男女老少，都喜歡穿著睡衣，出現在公共場所。西雅圖時報，花了四分之一的版面，除了刊載全文，還登了一位婦女穿著睡衣，騎著腳踏車而行的照片，証明確有其事。因爲，西方人的觀念，睡衣是極隱私的穿着，只適用於臥房內，如穿著出門，便是新聞。因而，大事刊載。

那條新聞說，上海人下班後，立即換上睡衣，步行，踩腳踏車，或騎摩托車，去市場買菜。在熙來攘往的人行道上，可看到穿睡衣的人，很自然的與西裝革履的人混在一起，甚至還有人穿睡衣上班，都不以爲忤。穿睡衣逛街，他們不但不覺得難爲情，還說，睡衣比一般衣服舒服，容易洗。在上海，睡衣代表豪華，炫耀富有，只有城市裡的人才穿得起。鄉下人，仍穿與白天一樣的衣服上床。一位專賣睡衣的老闆娘說，從那些穿著睡衣的人，她可判斷他們是那個階級的人。

上海人聽說外國人不能穿睡衣出現於公共場所時，都很驚奇。他們說：「睡衣既舒服，又好看，爲甚麼不能穿出門外？在這裡，穿睡衣上街，沒有人會笑你的。」

記得在台北的市場裡，也會看到穿睡衣買菜的人。也許，我們中國人認爲，睡衣也是衣服，爲甚麼不能穿著上街？可是西方人卻認爲，睡衣只能穿於臥房。要出臥房，必須加上一件睡袍〔robe〕。在醫院的病房裡，可以穿病人衣，如要走出病房，必須穿一件睡袍，才不至讓人見笑。這就是東西文化有別之處。生活在西方社會的我們，不能不注意，才不至讓洋人看笑話，瞧不起。如貪舒服，不妨穿夏威夷裝，尤其是夏威夷的女裝 muumuu，寬敞透風，比睡衣舒服多了。

我們中國人以爲，水池是用於清洗的，不管水池設在甚麼地方，只要有水，就可用來洗臉，刷牙，甚至當痰盂吐痰。可是，對洋人來說，廚房裡的水池，是有禁忌的。他們認爲，爲了避免細菌帶進食用物品，廚房裡的水池，只用於清洗蔬果及烹調用具，不能別作他用，尤其不能當痰盂用。

有一次，一位洋朋友家請客，也請了幾位中國人。我在廚房裡看那洋太太燒菜時，一位我們的同胞走進廚房，哈了幾聲，將痰吐在水池裡。當時，那太太驚訝的翻著白眼。

他走出廚房後，她一面用去污粉洗刷水池，一面很氣憤對我說：「你看，他把痰吐在這裡。」

有人喜歡方便，就地取材。我的一位朋友，餐後愛在廚房的水池漱口，我將親眼看到的事告訴她，她不以爲然的說：「這裡方便些。」其實，她的廚房，距洗手間，只十來步之遙，轉身就到，有何不便？原因是，她對西方習俗，不以爲然。對這些違背西方習俗的事，最好在家裡做。如去洋朋友家，應提醒自己；別做見笑於人，又使主人氣憤的事。總而言之，東西文化及習俗有別，大家應「入境隨俗」才對。

二〇〇二年十月二十七日發表於世界日報家園版

去皺霜眞能去皺嗎？

「一分錢，一分貨」，這是我們中國人購物的哲理，在廣告攻勢越來越激烈，越來越技巧的現代裡，似乎已失去了它的立足點。如果大家仍秉持這種觀念去購物，尤其買瓶裝的，無法用肉眼去辨別品質的化妝品等，可能只會花很多冤枉錢而已。

愛美是人的天性，尤其是我們婦女，除了用化妝品，使自己的面貌美麗外，還希望有仙丹，使自己的面貌，青春長駐。化妝品公司看準了婦女們這種心態，便想盡方法，去迎合大家的需求。因而，近幾年來，各種防皺劑，去皺霜等便紛紛出籠。那些化妝品，價格高昂，一小瓶只一兩重，開價美金四十餘元，令人驚訝，因而有人問道：「誰願花那樣多的錢去買那點東西？」

化妝品公司的人卻答道：「我可打賭，二十五至四十五歲的婦女們，都樂意花這筆錢。」

我的朋友中，沒有大富豪，而且都已超過四十五歲，竟也有幾位願花那種錢的，可證明化妝品公司的眼光很準。因而，單在這防皺去皺霜上，據說，它們的銷售値，已高達十餘億美元，這是吸引人的廣告所產生的效果。

那些昂貴的化妝品，真有廣告中述說的效果，真能防皺去皺嗎？美國的 Health & Fitness News Service 最近的一篇文章，給了一些答案。該文指出：美國食物藥品管理署化學工業技術部的人說：「如果那些產品真能去皺，或者能使細胞再生的話，那些產品，就該列爲藥品。事實上，化妝品公司說它們是化妝品。如果只是化妝品，就不會對細胞的生理，發生任何作用。」

邁阿密的一位皮膚病學家說：「期望從店面買回的潤膚劑，快速的影響細胞組織，是不切實的期望。」他更進一步說：「有人花了很多錢之後，如果看到了一些效果的話，唯一的原因，是那種產品，含有能奏一時之效的藥物。那種藥物，能使你覺得安慰，但也可能使你感染疾病。」

食物藥品管理署也提醒大家，被列爲化妝品的產品，政府便認爲它們不會影響生理。而且，各公司的廣告及說明，都非常技巧，只用些「能幫助」，「可增進」，「使恢復」

等不肯定的字眼，沒有正確的指出它們的效用，也使政府無從追究。有時，他們還請些醫生代他們宣傳，更使人信以爲真。問一些買了那些產品的人的意見，答覆是：「所有的廣告都說，一過四十，你的皮膚變糟，我認爲他們不會撒謊，否則，不會出現於市面上。我也覺得那些東西，可能真的有效，所以才買。」

因而，食物藥品管理署的人說「問題不在於那些產品，是否真有其所說的功效，而是顧客對那些說法的想法。只要人們仍存有幻想，期望用化妝品去保持青春，或返老還童，化妝品公司的皮膚遊戲，仍會繼續玩弄下去。」

我開始化妝後，一直用某一種牌子的粉底。有一次，粉底用完後去百貨公司採購時，順便瀏覽了一下別的，各種牌子的，其中一種，價格高過我用的三倍多。暗自思索：「貴那樣多，一定非常不錯吧！」幾經躊躇，在「一分錢，一分貨。」的觀念下，終於買了一瓶。遺憾的是，用過之後，始終覺不出比我原用的高明。貨不高明價卻高，爲甚麼？這個問題，直到兩年多前，在電視上「Donahue」的節目中，才找到愉快的答案。

那次的節目，以化妝爲中心話題。兩位化妝專家示範化妝技術後，接受觀衆提出問題時，一位觀衆問道：「那種牌子的化妝品最好？是否越貴越好？」

「各種牌子的化妝品都差不多，貴的不見得比便宜的好很多。」一位專家答道。

這位專家的回答，證實了我的想法，我覺得高興。我也希望此文能使那些迷信廠牌，愛出高價的同胞們，不要再被廣告及廠牌迷惑，不再花冤枉錢。

生老病死，是自然現象，是人人必經的里程。老，又何足畏？當年事漸高時，能鍛鍊身體，不使自己老態龍鍾；修身養性，注重儀態，使自己氣宇不凡，豈不更能使人尊重？

一九八六年六月二十六日

以謝爾瑞筆名發表於世界日報家園版

甘油護膚

人的皮膚，各有不同，有些人的雙手，整日難離水，仍光滑無事；有的人只要多洗一點東西，皮膚便粗糙的像長了刺一樣。對於皮膚容易乾燥的人，爲了使其滋潤，便各自設法，選用不同的護膚品。於是，有人用Lotion，有人用油性高的凡士林，橄欖油，甚至還有人用既油膩又有味道的Butter。

本人的皮膚，屬乾燥型，深知其滋味與痛苦。記得我年少時，沒有現代人幸福，沒有現在市場上的各種護膚劑，任人選擇。那時的人，到了冬天，皮膚枯乾的破裂時，便用柚子擠汁檫摸（蠻有效的），當然，我也不能例外。以後，不知何時開始，也忘了是何人的指點，要我用甘油。自那以後，甘油便成了我不可或缺之物。

數年前去台灣，老友們相聚閒聊時，談到護膚品，一位朋友告訴我，自從我把甘油介紹給她後，幾十年來，從臉到腳，她只用甘油，不用別的護膚劑。我比她稍微跟隨時代些，除了甘油，也用 Lotion。白天，每次洗過手後，便擦一點 Lotion。可是，每晚洗過澡後，必用甘油擦手與腳，才能使手腳不致粗糙。

三年前，外子忽然全身發癢，求醫診治，換了好幾種藥，都不發生作用。醫生懷疑他的血液有問題，把他轉往一家用儀器查驗血液的醫院，檢查結果，血液沒有問題。各種藥物都無效，我們想，可能是皮膚不夠滋潤所致，我便建議他每天洗澡後，全身擦甘油。不料，此法果然有效，沒多久，他的癢病竟然全愈。以後，他告訴醫師，他的癢病已經全愈，是甘油治好的。過了不久，他再去看病時，那位醫師告訴外子，他已將甘油介紹給他的病人使用了。

甘油〔Glycerin〕，因其滋潤度能維持很久，故爲很多化妝品的原料之一。它無色，無味，也不油膩，我覺得它是最好的護膚品。而且，各超市及藥房都可買到，價也不高，四兩一瓶的，只三塊多美元，可用很久，可說是價廉物美又實用。

甘油的濃度較高，需加點水使其稀釋。我個人的經驗是：三滴甘油加一滴水調合，擦了乾後，一點也不油膩，更無味道。皮膚乾燥的人，不妨試試。

另一種在超市及藥房也可買到的，蘆薈製的 Aloe Vera Gel，除了使皮膚滋潤外，還有治療作用，可以止癢，治皮膚炎，太陽晒等，它與甘油一樣，也是無色，無味，不油膩，也不貴的保護皮膚的良物。最近，我的皮膚，忽然敏感起來，擦了面霜，就會紅腫，便擦 Aloe Vera Gel，不久，紅腫消失。

二〇〇三年六月十六日發表於世界日報家園版模

室內花園

多年前，一位朋友，家具廠的老闆，送給我一個市面上買不到的，小巧的檯燈。我說市面上買不到，因爲，那個檯燈，是他別出心裁，用廢棄的木材做成的，是獨一無二的一個。他將一個寬六吋，高九吋的木頭，雕刻成嶙峋的山蜂，群山中間裝個小燈頭，做爲燈座，再用木材，做成一個亭台形的燈罩。燈罩的四壁，分別雕成全月，半月，門，窗；罩頂中間，爲圓形的尖頂，周邊爲六角形的飛簷，非常別緻，令人喜愛。

這個古意泱然的小燈，不僅使我喜愛，更引起了我的奇想：「亭台樓閣，應安置花園李才對呀！」於是，我在玄關的迴廊上，開始了造園的工程。我將那檯燈放在一個自台灣來的，原木製成的，不規則的兩層小檯子上，再按地形，把室內植物，放置在小檯子的周圍，然後在花園裡，點綴些枯木及海邊拾回來的玻璃球，再在花園的周邊，放些石子及石塊，一個小小的室內花園便完工了。

以後，女兒送我一有燈塔的室內噴水池，我也把它放置在這個花園內，使這個花園，更增加了幾份姿色。

二〇〇六年六月二十八日發表於世界日報家園版

開瓶有道

不久前，在世界日報家園版上讀到一篇文章，作者說，超級市場用的小膠袋，既實用，也方便，卻難打開，使用時，需靠她的先生當幫忙。她也說，美國的藥瓶，需用刀，斧等工具，才能打開，抱怨製藥廠不給人方便。其實，美國不易打開的瓶子，都有說明，告之打開的方法，只要照着做，就不難打開了。對一些需要工具才能打開的瓶罐等，如有適當的工具，也不是難以打開的。所謂：「工欲善其事，必先利其器」。找到了可用的工具就會善其事了。

對小膠袋難打開，我也有同感，也與那位作者一樣，總是要先生幫忙。一次，在超市買青菜時，先拿了一把有水跡的菜，再去拿膠袋，出乎意料之外，溼手指往膠袋上一搓，袋口立即分開了。這意外的發現，讓我知道，只要先把手指弄溼，就會很容易的把膠袋打開了。

那位女士認爲，藥瓶難開，是爲了防孩子們發生意外。其實，過去的藥瓶，都不難打開，瓶子上都有說明，要使用者將瓶子放在孩子們抓不到的地方，以防意外。近些年來，化學製的清潔劑充斥，那些瓶子上，也特別註明，應放在孩子們無法抓到處。因而，現在的瓶蓋包裝嚴密，甚至設計的不易打開，真正的原因，不全是爲孩子，而是防瘋狂的惡作劇者，是始於一九八〇年末期。因爲，在八〇年間，有人將一種在藥店及超級市場都可買到的，名 Tylenol 的藥瓶打開下毒後，再放回藥架上，使幾位買該藥的人，吃後喪生。自那以後，製藥廠，食物加工廠，爲防惡人在易於打開的瓶子內下毒，便開始將各種瓶蓋，除了在外面包得很嚴密外，還在瓶口，貼上錫箔紙。這種裝設，除了確保安全外，也提醒使用者，注意密封的紙，是否有異狀。如被撕裂過，可能有問題。

有些藥瓶，如不知其訣竅，的確難以打開，如大號的阿斯匹靈，瓶蓋雖已轉的很鬆，仍無法拿下，但是，只需將瓶蓋按下再轉，便會打開了。又如大號的 Tylenol，必須將蓋邊上的一個倒參角形的尖頭，對準瓶口一個小小的突起的地方，才能打開。

一些可以扭開的平蓋，對力氣大的人，一扭即開，對力氣小的人，不僅不易扭開，有時還會把手扭傷。我的一個朋友，曾因用力不當而將手扭傷過。我介紹她用一種日本製的開罐器，她用後說：「這個工具真好」。這開罐器。適用於最小的如香水的瓶子，及最大號的食品瓶，的確很好。只須把那活動的把子推至瓶蓋處，與頂端的抓子對準，夾住瓶蓋，握緊把手，向左一轉，瓶蓋立即鬆開。可是，這種開瓶器，美國店鋪沒有，必須去日本或韓國商店，才能找到。

總之，美國各種不需工具便可打開的瓶罐，都有說明，教人如何使用，只要看看說明，照着去做，就不需用刀斧去將它們砍開了。

二〇〇一年十一月二十一日
發表於世界日報家園版

自製果醬

真幸運！我們移民來美，竟住在一個盛產水果的華盛頓州。這兒的蘋果，揚名全國；櫻桃是日本人最喜歡的；草莓〔strawberry〕，紅莓〔raspberry〕藍莓〔blueberry〕，烏莓〔blackberry〕，樣樣都有。西雅圖附近，有很多果園，每到夏季，駕車東行，就會看到一些果園的路口，豎有「U-pick〔自行採摘〕」的牌子，吸引人前往摘取。去果園採摘水果，除了新鮮，價廉，可邊採邊吃，大飽口福外，也是一種饒有風趣的活動。

去年，舍弟夫婦自台灣來訪時，正是櫻桃上市的時候，便帶他們去櫻桃園採櫻桃。進入園內，園主給我們每人一個鐵桶，然後帶我們走向架有樓梯的樹園，告訴我們，可在那一帶採摘。我們爬上樓梯，將鐵桶掛在樹枝上，選顆粒大的摘下，有的放入桶內，有的塞入口中。大家邊摘邊吃邊談，並相比較各自採摘的情形，叫來叫去，嘻嘻哈哈的，樂得忘形的盡情採摘，到了上秤時，才知我們共採了二十多磅。看到收費處堆放著的幾箱，因價格便宜，又買了兩箱。歸途，順道往超市，買了做果醬的材料。回到家，人人動手，做起果醬來。忙到深夜，竟做了六十多瓶，大家也累的筋疲力竭。因爲，用櫻桃做果醬，必須先去其核，然後打碎，才能做成醬。將櫻桃一粒粒的去核，是最費力也費時的事。

現在，又是可以自行採摘水果的季節了。今年，我們決定只採莓子，不採櫻桃。草莓長在地上，須蹲下去採摘，易使人疲累。紅莓約一人高，可站著摘取，比較舒服。而且，紅莓醬也比較好吃。如此決定後，我們便於七月中，去一個車程只一個鐘頭的紅莓園。

超市賣的紅莓，只指頭大小，我們去的紅莓園，果實卻大如草莓，可愛也可口。我們除了不停的吃外，又欲罷不能的採了二十多磅。還好，紅莓不需去子，搗碎即行，比做櫻桃醬，省事省時很多。但是，二十多磅的莓子，做了幾十瓶果醬後，如何儲藏？

果醬，是西餐館早餐桌上不可或缺的東西。做果醬，並不難，只要照著食譜去做即行。所有超市，都可買到做果醬的材料 Pectin，盒子裡附有食譜一份。那份食譜上，有兩種做果醬的方法，一種需煮，另一種是凍藏即可。兩種做法，各有利弊。煮沸調製的，需用特製的，可以真空的瓶子，製好裝瓶後，存放櫥櫃即可；如用凍藏法，必須放入凍藏箱才行。今年我們用的，是後一種方法，因而，果醬做好後，還得設法騰出凍藏箱的位子，將果醬放入，使其不壞。

有了兩次的經驗，我們也體會到，要採水果做醬，也該考慮儲藏問題。如想省事，要用第二種方法，就不能貪多。

二〇〇一年七月二十三日
發表於世界日報家園版

Taco與Tortilla有別

自從持了「教鐘」之後〔教美國人做中菜〕，也養成了我收藏食譜的習慣。十餘年來，除了收藏爲數最多的中菜書以外，美、英、意、日、韓、菲、中東、墨西哥，甚至非洲衣索匹亞的食譜，我都購有，到目前爲止，已達六十餘冊，並多試做過。除此，電視上的烹飪表演，我都看，報紙雜誌上的食譜我都讀。

家園版上的食譜特別多，介紹外國食品的也不少。對那些熱心的作家，願將自己心得，寫出供人分享的精神，令人敬佩。遺憾的是，有些作者，並未十分了解其中差別，很可能誤導了別人。且以不久前刊載的「墨西哥軟皮Taco的中式吃法」爲例，那位作者的開場白是：「相信有好多人嚐過墨西哥的軟皮Taco〔Flour Tortillas〕，在一般的超級市場都可以買得到，價錢十分便宜。」從這兩句話，可知那作者認爲，Tortilla等於Taco，因爲它是軟的：便稱它爲軟皮Taco。殊不知兩者的區別很大，是不能混爲一談的。

對墨西哥人來說，Tortilla如同西方人的麵包一樣，是每日餐桌上不可或缺的東西。墨西哥的Tortilla，分麵粉做的及玉米做的兩種。因爲，墨西哥南部產玉米，那兒的人，便用玉米做Tortilla；而產麥的北部，便多以麵粉做Tortilla。這兩種Tortillas，在美國的超級市場都可以買到，價錢也很便宜，但不能稱它爲Taco。

墨西哥的Tortilla與Taco，如同我們的春捲皮與春捲一樣，在春捲皮沒有包餡捲好之前，只能稱它爲「皮」，不能叫它春捲。Tortilla在未變成Taco形之前，連稱Taco皮的資格都沒有，只有在它被彎成半圓形的夾子後，才能叫Taco皮（Taco Shell）。現成的Taco Shell，美國的各超級市場都出售。買回後只需稍烤一下，便很酥脆。

Tortilla，類似我們吃烤鴨或木須肉的薄餅，比薄餅略厚一些，如果稱它墨西哥薄餅，尚差強人意，決不能稱「軟皮Taco」。因爲，Taco是用Taco Shell夾入牛，（雞）肉，番茄，生菜，乳酪，及醬汁等後的成品。Tortilla只是其中的一項材料，用以做皮（Shell）而已。

如將Tortilla像做春捲一樣，將餡包入捲好煎至酥脆，它也不叫Taco而名Chimichanga了。如將餡包入捲好後不煎，只在上面澆些醬汁，則稱Enchlada，如將Tortilla做成碗盤狀炸脆後，放入肉，菜，乳酪等，它的名字又變成 Tostada 了。總之，除上述者外，還有用 Tortilla 捲成的，只因爲捲的方式及燒的方法不同而有不同的名稱。

一九九一年一月二十六日

以謝爾瑞筆名發表於世界日報家園版

也談麻將

最近，上下古今版有幾篇談論麻將的文章，其中一篇的作者林友梧先生對厚厚的「一塊」麻將牌，爲何稱爲「一張」牌起了疑問，他說：「莫非麻將牌，是由紙牌演化而來的？」他猜的不錯，麻將牌的確是由紙牌演化而來的。

那種用紙片繪製的牌，始於唐朝，稱「葉子牌」，是依據當時民間流行的「彩选」賭具，加以改革而成。當時的人宴聚，多以此助興。宮廷中也很流行，南唐後主李煜和周后喜玩此牌，周后還編有「金葉子格」，故王漁洋的「南唐宮詞」中有「花底自成金葉格」之句。

宋朝的人，也樂此牌戲，據說太祖趙匡胤還令宮女玩牌，以消長夜。

到了明朝，仍玩葉子牌，直至萬曆（公元一五七三—一六二〇）年間，馬吊牌興起，也是用紙片做的。馬吊原稱「馬掉腳」，指馬有四隻腳，掉一隻不行，意思是需四人入局。

馬吊牌共四十張，分爲「文錢」，「索子」，「萬字」及「十字」四種。方法是以大擊小，用大小分勝負。「萬字」及「十字」牌上，還繪有水滸人物像。據說，把水滸人物畫在牌上，旨在警告大家，好賭而負，可淪爲盜賊；即使有幸而勝，心與盜賊同。這種說法，雖對宋江等有污蔑之意，也是提醒大家，玩牌只應作爲娛樂，不要因賭而流入歧途。逐漸的，「十字」牌被去除了，只剩下三十張。

沿至清康熙時（一六六二——一七九六），馬吊牌極盛行於工商業發達的江浙一帶。由於盛行，需求量多，當時的昆山及吳縣等地，已經有製牌的作坊，用夾青棉紙製造，其中以昆山牌最爲有名。而且，每張牌加了一倍，變成六十張，玩法仍是以大擊小，以花打素，用符牌的點數分勝負。

乾隆年間，牌數又增加了一倍，變爲一二〇張，其中的「文錢」，「索子」及「萬字」三種，每種的數字都是一—九，每個數字有四張牌，共一〇八張；加上每種各四張的「空湯」，「枝花」及「萬萬貫」三種，總共一二〇張。

江浙的人，從高官，士大夫至市井小民，都樂此不疲。尤其是臨海的漁民出海捕魚時，在寂寞的海上，更賴以解悶。可是，每當風起浪高時，紙牌常被吹散弄溼。同治三年（一八六四），有位寧波人陳魚門，把紙牌的花樣刻在長方形的竹片上，將紙牌變成竹牌，漁民在海上玩時，就不再怕風浪的打擾了。

陳先生也依水上人家的生活，以意取文，加以修改，將「文錢」改爲「筒」；「枝花」，「萬萬貫」及「空湯」，改爲「中」，「發」，「白」；「索子」及「萬字」依舊。「筒」意爲船上貨物；「索」象徵升帆的繩索；「萬」爲所得之錢；「紅中」指貨物被商人看中；「發」即發財；「白板」喻貨物未售出。

清末太平天國的士兵，用以賭酒時，又加上東，南，西，北四風（當時的封號），每個風也有四張，總共一三六張，沿用至今。以後，又有人加了八個花，但是，那只是副件，有的人用，有些人不用。

因竹牌在洗牌時，發出嘰嘰喳喳的聲音，像麻雀的叫聲，寧波人便將牌名，改爲「麻雀」。寧波話「麻雀」，轉變成了國語的「麻將」。對麻將的廣爲流傳，寧波人引以爲榮，還將麻將的歷史，刻在「天一閣」圖書館的牆上及地上。

胡適先生說：「美國的國戲是棒球，英國的是板球；日本的是相樸；我國的是麻將。」毛澤東說：「中國對世界的貢獻有三：一、中式醫藥；二、紅樓夢；三、麻將。」由此可知，麻將在中國的地位。現在，麻將不僅是風行我國，也普及世界很多地方。

二〇〇五年十一月二十八日
發表於世界日報上下古今版